W0056376

Roboterjournalismus, Chatbots & Co.

TELEPOLIS

→ **www.telepolis.de**

Das Online-Magazin TELEPOLIS wurde 1996 gegründet und begleitet seither die Entwicklung der Netzkultur in allen Facetten: Politik und Gesetzgebung, Zensur und Informationsfreiheit, Schutz der Privatsphäre, wissenschaftliche Innovationen, Entwicklungen digitaler Kultur in Musik, Film, bildender Kunst und Literatur sind die Kernthemen des Online-Magazins, welche ihm eine treue Leserschaft verschafft haben. Doch TELEPOLIS hat auch immer schon über den Rand des Bildschirms hinausgesehen: Die Kreuzungspunkte zwischen realer und virtueller Welt, die »Globalisierung« und die Entwicklung der urbanen Kultur, Weltraum und Biotechnologie bilden einige der weiteren Themenfelder.

Als reines Online-Magazin ohne Druckausgabe nimmt TELEPOLIS damit eine einzigartige Stellung im deutschsprachigen Raum ein und bildet durch seine englischsprachige Ausgabe und seinen internationalen Autorenkreis eine wichtige Vermittlungsposition über sprachliche, geografische und kulturelle Grenzen hinweg. Verantwortlich für das Online-Magazin und Herausgeber der TELEPOLIS-Buchreihe ist Florian Rötzer.

Die TELEPOLIS-Bücher basieren auf dem Themenkreis des Online-Magazins. Die Reihe schaut wie das Online-Magazin über den Tellerrand eingefahrener Abgrenzungen hinaus und erörtert Phänomene der digitalen Kultur und der Wissensgesellschaft.

Eine Auswahl der bisher erschienenen
TELEPOLIS-Bücher:

Stefan Weber
Das Google-Copy-Paste-Sydnrom
Wie Netzplagiate Ausbildung und
Wissen gefährden
2008, 182 Seiten, 16,00 €

Matthias Brake
Mobilität im regenerativen Zeitalter
Was bewegt uns nach dem Öl?
2009, 154 Seiten, 16,00 €

Stefan Selke / Ullrich Dittler
Postmediale Wirklichkeiten
Wie Zukunftsmedien die
Gesellschaft verändern
2009, 256 Seiten, 19,00 €

Lothar Lochmaier
Die Bank sind wir
Chancen und Perspektiven von
Social Banking
2010, 160 Seiten, 15,90 €

Matthias Becker
Datenschatten
Auf dem Weg in die
Überwachungsgesellschaft?
2010, 184 Seiten, 16,90 €

Harald Zaun
**S E T I – Die wissenschaftliche Suche
nach außerirdischen Zivilisationen**
Chancen, Perspektiven, Risiken
2010, 320 Seiten, 19,90 €

Marcus B. Klöckner
9/11 – Der Kampf um die Wahrheit
2011, 218 Seiten, 16,90 €

Hans-Arthur Marsiske
**Kriegsmaschinen –
Roboter im Militäreinsatz**
2012, 252 Seiten, 18,90 €

Nora S. Stampfl
Die verspielte Gesellschaft
Gamification oder Leben im Zeitalter des
Computerspiels
2012, 128 Seiten, 14,90 €

Nora S. Stampfl
Die berechnete Welt
Leben unter dem Einfluss von Algorithmen
2013, 124 Seiten, 14,95 €

Christian J. Meier
**Eine kurze Geschichte des Quanten-
computers**
Wie bizarre Quantenphysik eine neue
Technologie erschafft
2015, 188 Seiten, 16,90 €

Michael Firnkes
Das gekaufte Web
Wie wir online manipuliert werden
2015, 324 Seiten, 18,95 €

Klaus Schmeh
Versteckte Botschaften
Die faszinierende Geschichte
der Steganografie
2017, 318 Seiten, 19,95 €

Christian J. Meier
Suppenintelligenz
Die Rechenpower aus der Natur
2017, 246 Seiten, 16,90 €

Weitere Informationen zu den TELEPOLIS-Büchern und Bestellung unter:
→ www.dpunkt.de/telepolis

TELEPOLIS

 **Doz. Dr. Stefan Weber**, geboren 1970 in Salzburg. Universitätslektor an der Universität Wien und Senior Researcher der Research Studios Austria. Bekannt wurde er als Plagiatsgutachter und Verfasser kulturkritischer Bücher zum Wandel der Textkultur durch die Digitalisierung (»Das Google-Copy-Paste-Syndrom«, 2. Auflage dpunkt/Telepolis 2008, »Die Medialisierungsfalle«, 2008). Er bloggt unter https://plagiatsgutachten.de/blog.

Papier
plus+
PDF.

Zu diesem Buch – sowie zu vielen weiteren dpunkt.büchern – können Sie auch das entsprechende E-Book im PDF-Format herunterladen. Werden Sie dazu einfach Mitglied bei dpunkt.plus+:

www.dpunkt.plus

Stefan Weber

Roboterjournalismus, Chatbots & Co.

Wie Algorithmen Inhalte produzieren und unser Denken beeinflussen

Mit einem Vorwort von Uwe Hannig und
einem juristischen Kommentar von Albrecht Haller

 *Heise*

Stefan Weber, weber@plagiatsgutachten.de

Reihenherausgeber: Florian Rötzer, München, fr@heise.de
Lektorat: Christian Reifert
Copy-Editing: Susanne Rudi, Heidelberg
Satz: Veronika Schnabel
Herstellung: Stefanie Weidner
Umschlaggestaltung: Hannes Fuß, www.hannesfuss.de
Druck und Bindung: M.P. Media-Print Informationstechnologie GmbH, 33100 Paderborn

Bibliografische Information der Deutschen Nationalbibliothek
Die Deutsche Nationalbibliothek verzeichnet diese Publikation in der Deutschen National-
bibliografie; detaillierte bibliografische Daten sind im Internet über http://dnb.d-nb.de abrufbar.

ISBN:
Print   978-3-95788-104-5
PDF   978-3-95788-986-7
ePub   978-3-95788-987-4
mobi   978-3-95788-988-1

1. Auflage 2019
Copyright © 2019 Heise Gruppe GmbH & Co. KG
Karl-Wiechert-Allee 10
30625 Hannover

Die vorliegende Publikation ist urheberrechtlich geschützt. Alle Rechte vorbehalten.
Die Verwendung der Texte und Abbildungen, auch auszugsweise, ist ohne die schriftliche
Zustimmung des Verlags urheberrechtswidrig und daher strafbar. Dies gilt insbesondere für
die Vervielfältigung, Übersetzung oder die Verwendung in elektronischen Systemen.
Alle Informationen in diesem Buch wurden mit größter Sorgfalt kontrolliert.
Weder Herausgeber, Autor noch Verlag können jedoch für Schäden haftbar gemacht
werden, die in Zusammenhang mit der Verwendung dieses Buches stehen.

5 4 3 2 1 0

Inhaltsverzeichnis

Vorwort

Von Uwe Hannig

Die Automatisierung der Erstellung und nutzerorientierten Zurverfügungstellung von Inhalten über unterschiedliche Kanäle ist ein Wunschtraum nicht nur aller Content-Marketing-Manager. Dazu bedarf es allerdings noch weiterer Fortschritte im Forschungsfeld der künstlichen Intelligenz. Sprachgesteuerte, internetbasierte persönliche Assistenten, die Daten von Webseiten abrufen, verarbeiten und die Ergebnisse in natürlicher Sprache ausgeben, sind hier erst der Anfang. Die vollautomatische Erstellung von nutzerindividualisierten Artikeln wird allerdings noch einige Zeit auf sich warten lassen.

Werkzeuge zur Erleichterung des Content Management sind aber bereits verfügbar. Diese erlauben beispielsweise die Automatisierung der Publikation von Inhalten auf mehreren Plattformen. Heute geschieht dies in den meisten Fällen noch durch fehleranfälliges Kopieren und Einfügen. Aktualisierungen müssen, da die Dokumente nicht miteinander verbunden sind, in der Folge manuell in mehreren Medien durchgeführt werden. Aufgrund des Einsatzes von Dokumenten ohne Metadaten ist die Wiederverwendung von Inhalten für unterschiedliche Zielgruppen zeitaufwändig. Lösungen zur Automatisierung der Verwaltung und Veröffentlichung von Inhalten optimieren diese Prozesse[1] und erleichtern darüber hinaus die Übersetzung in andere Sprachen.

Neben der automatisierten Distribution und Wiederverwendung von Content in unterschiedlichen Medien bzw. auf verschiedenen Plattformen ist man bezüglich der Messung der Nutzung von Inhalten und der Zuordnung von Content zu Buyer Personas bzw. Zielkunden im Rahmen des Account-based Marketing entlang der Buyer Journey schon gut unterwegs. Das noch zu lösende Problem ist die erstmalige Erstellung von qualitativ anspruchsvollen

---

1) Dies meint bislang häufig »Content Automation«: Eher die automatisierte Verwaltung von Content in unterschiedlichen Dateiformaten und auf unterschiedlichen Plattformen als dessen tatsächliche Erstkreation/Erstellung, siehe etwa *http://quark.com*.

Inhalten. Diesbezüglich gilt heute noch: *Kein Inhalt ohne Autor.* Inhalte automatisch *beurteilen* lässt sich mittlerweile jedoch schon bewerkstelligen. So haben Forscher der Universität von Chicago eine Applikation entwickelt, die maschinell Rezensionen verfassen kann, die als ähnlich nützlich wie die von Menschen erstellten eingestuft wurden.[2]

Mittels KI fertigten Forscher der Rutgers-Universität Gemälde an, die es sogar weltweit in große Ausstellungen schafften und in einer Versuchsanordnung von Ausstellungsbesuchern besser bewertet wurden als Bilder von Menschenhand.[3] Die Frage ist deshalb nicht mehr, *ob* mit Hilfe künstlicher Intelligenz in Zukunft nutzbare Inhalte erstellt werden, sondern *wie lange* es noch bis dahin dauert.

Dieses Buch erlaubt Ihnen einen überblickartigen Einstieg in die faszinierende neue Welt der Chatbots und Schreibroboter und deren Möglichkeiten. Kritisch hinterfragt werden aber auch die Auswirkungen der automatischen Content-Erstellung auf unser Bildungssystem und die Medienwissenschaft.

Viel Spaß bei der Lektüre wünscht Ihnen Ihr

Uwe Hannig
Prof. Dr. Uwe Hannig ist wissenschaftlicher Leiter des
Instituts für Sales und Marketing Automation.

---

2) Yuanshun Yao, Bimal Viswanath, Jenna Cryan u.a. (2017): Automated Crowdturfing Attacks and Defenses in Online Review Systems.
https://people.cs.uchicago.edu/~ravenben/publications/pdf/crowdturf-ccs17.pdf

3) *https://sites.google.com/site/digihumanlab/home* sowie *https://medium.com/@ahmed_ elgammal/generating-art-by-learning-about-styles-and-deviating-from-style-norms-8037a13ae027*

1 Einleitung des menschlichen Autors

» Why write your own book when an algorithm can do it for you?«[1]

Dieses Buch wurde komplett *von einem Menschen* geschrieben. Idee zum Buch, Recherchen am Telefon, per E-Mail, vor Ort, in Büchern, Journals und im Web, Lektüre, quellenkritische Bewertung, Schreiben und Korrektorat – das alles hat ein Mensch durchgeführt. Die verwendeten technischen Hilfsmittel waren im Wesentlichen das Internet, E-Mail und MS Word. Dieser Vorgang könnte schon sehr bald der Vergangenheit angehören: Davon handelt dieses Buch. Die Idee, es zu schreiben, kam mir Ende 2017, als mich ein befreundeter Gastronom und Hotelier auf den Umstand hinwies, dass er den beschreibenden Text zu seinem Unternehmen auf Google Maps selbst nicht ändern kann. Versuche, Google per Kontaktformular auf Fehler aufmerksam zu machen, wurden vom Suchmaschinengiganten beschwiegen. Ich zeigte den inkriminierten Text mehreren IT-JournalistInnen und WissenschaftlerInnen. Alle meinten, es sei ein computergenerierter Text, der sich aus Geodaten von Google Maps und Extrakten von Kundenbewertungen speist. Google verweigerte in der Folge Angaben über die Herkunft dieser und Tausender anderer Texte (»Hoteldetails«) auf Google Maps. – Ist das das transparente und freie Internet, das wir haben wollten?

---

1) [MED] Zu dieser Frage ein Interview mit Philip M. Parker: *https://readwrite.com/2013/01/15/why-write-your-own-book-when-an-algorithm-can-do-it-for-you*. Parker, im Hauptberuf Universitätslehrer, hält ein Patent auf die automatische Generierung von Büchern auf der Basis von Content aus dem Web und hat mit seiner Software nach Eigenangaben bereits mehr als eine Million Bücher zu Nischenthemen erstellt und rund 50.000 in seinem Verlag ICON Group auch publiziert, siehe [ECO] *https://www.icongrouponline.com* (am 30.08.2018 waren es exakt 49.389 Titel, vor allem automatisch generierte Vorschauen) sowie [MED] *https://www.huffingtonpost.com/entry/philip-parker-books_n_2648820.html?section=india*. Dabei greift Parker – ebenfalls Eigenangaben zufolge – auf ca. 60 Computer und ein Team von sechs Entwicklern zurück (Stand 2008), siehe [MED] *https://www.nytimes.com/2008/04/14/business/media/14link.html*. Parkers Long-Tail-Vorgehen der besonderen Art ist wissenschaftsethisch und urheberrechtlich umstritten. Zudem kann die genaue Anzahl »seiner« Bücher nicht verifiziert werden. (Long Tail: Eroberung von Nischenmärkten in den Netzmedien.)

Mir wurde schnell klar, dass hier etwas nicht stimmt: Google, das Unternehmen, das wie kein anderes unseren virtuellen Wirklichkeitszugang bestimmt, lässt die Herkunft von Beschreibungstexten über Tausende Unternehmen weltweit im Verborgenen. Im Ernstfall kann so ein Text über Erfolg oder Pleite eines Unternehmens und damit von Menschen entscheiden. Eine erste Recherche zeigte: Die automatische Erzeugung von Inhalten, die der Menschenhand entzogen sind, ist ein Thema, zu dem es noch kaum Literatur gab.

Ich versuche mit diesem Buch, die Frage zu beantworten, ob es sich bei derzeitigen Formen des *Automated Content* bloß um einen gegenwärtigen, womöglich schnell vergänglichen Hype oder um Vorboten der nächsten Stufe der digitalen Revolution handelt.

Zwei Hinweise zur Lektüre

Webquellen

Ich bin mir der *Vergänglichkeit von Webquellen* bewusst. Dennoch zitiere ich sie häufig. Kann eine zitierte Webquelle nicht mehr online vorgefunden werden, so existiert von ihr sehr häufig ein Snapshot, der in der Vergangenheit gemacht wurde. Bitte gehen Sie dazu auf die Webseite *https://archive.org* und kopieren Sie die hier im Buch zitierte URL in die Wayback Machine. Wählen Sie dann eine archivierte Version der Webseite unter einer Datumsangabe aus, die in der Nähe des Jahres 2018 ist. – Interessanterweise wissen immer noch viele Menschen über diese einfache Methode der Auffindbarkeit alter Webseiten nicht Bescheid.

Nicht-wissenschaftliche Quellen

Ich bin mir auch des Problems des *Zitierens nicht-wissenschaftlicher Quellen* bewusst. Mir ist dazu eine Lösung eingefallen, die ich bislang noch nirgendwo gesehen habe: Ich kennzeichne nahezu alle Quellen vor der Literaturangabe in der Fußnote mit ihrer Zugehörigkeit zu einem sozialen System (im Sinne Niklas Luhmanns): Genuin wissenschaftliche und populärwissenschaftliche Quellen erhalten den Verweis [SCI] für *science*. Massenmediale und journalistische Quellen, Social-Media- und Blogquellen erhalten den Verweis [MED] für *media*. Quellen aus der Wirtschaft wie Selbstdarstellungen von Unternehmen auf Webseiten sowie PR-Meldungen erhalten den Verweis [ECO] für *economics*. – Mittlerweile werden ja nicht nur in studentischen Qualifikationsschriften alle Quellen als gleichrangig betrachtet und auch so verwendet. Mein Versuch, hier etwas Ordnung zu schaffen, kann freilich weiter ausdifferenziert werden, in juristische Quellen, politische Quellen usw. Ich freue mich auf kreative Nachahmer!

Mein Dank gilt folgenden Personen, mit denen ich die Inhalte dieses Buchs diskutieren durfte: Prof. DDr. Peter A. Bruck, Research Studios Austria Forschungsgesellschaft; Ao. Prof. Mag. Dr. Markus Haslinger, TU Wien; Dr. Mihai Lupu, Research Studios Austria Forschungsgesellschaft sowie Prof. Dr. Josef Mitterer, Universität Klagenfurt. Für das Vorwort zum Buch danke ich Prof. Dr. Uwe Hannig, für das juristische Schlusskapitel Mag. Dr. Albrecht Haller. Ich danke weiter meinen GesprächspartnerInnen Alexander Siebert von Retresco (Berlin), Frank Feulner von AX Semantics (Stuttgart) und Mag. Katharina Schell von der APA – Austria Presse Agentur (Wien) für die Zeit, die sie sich für meine Besuche bzw. mein wiederholtes Nachfragen genommen haben sowie meinen zahlreichen E-Mail-InterviewpartnerInnen weltweit. Mein Dank gilt schließlich auch Dr. Michael Barabas vom dpunkt-Verlag und Florian Rötzer von Telepolis. Christian Reifert und Susanne Rudi danke ich für das kompetente Lektorat und die professionelle Betreuung.

Stefan Weber
Dresden und Salzburg,
Januar bis September 2018

2 Automatisch erzeugte Inhalte : » Was zur Hölle ist das?« Markante Fallbeispiele zum Auftakt

> *» Als ich das zum ersten Mal sah, dachte ich:*
> *Was zur Hölle ist das?«*
>
> *Ein Nutzer berichtet in der Dokumentation »Inside Google« über seine Reaktion auf das für ihn erste automatisch generierte Fotoalbum von Google Photos.[1]*

> *»Kopieren, Programmieren, Automatisieren sind*
> *die neuen [...] Werkzeuge.«*
>
> *Kenneth Goldsmith, Klappentext zu »Uncreative Writing«[2]*

Weshalb staunte der versierte App-Nutzer? Die Google Photos-App hat automatisch eine Bildergalerie von Fotos seines jüngsten Urlaubs produziert. Wie aus dem Nichts war sie da, ungefragt: Ein- und auszoomende Urlaubsbilder, die Übergänge zum Teil mit Effekten, wie wir sie von PowerPoint kennen. Die Google-App hat alle Bilder geolokalisiert, die Reiseroute rekonstruiert und Datumsangaben ergänzt. Schließlich unterlegte sie das Ganze mit der üblichen Einheitsmusik, die wir von Abertausenden anderen Videos im Netz kennen.

Mein iPhone hat mich im vergangenen Jahr ähnlich überrascht: Die Funktion heißt »Andenken«.

---

1) Film von Sophie Roland, 2015, englischer Titel »The Hidden Side of Google«. Deutsche Fassung von ORF III unter [MED] *https://www.youtube.com/watch?v=hXYvl-TWmcs.* Hier ab Minute 36:40

2) [SCI] Kenneth Goldsmith (2017): Uncreative Writing. Sprachmanagement im digitalen Zeitalter, Berlin: Matthes & Seitz (Original 2011, Columbia University Press)

»›Andenken‹ legt automatisch kuratierte Sammlungen Ihrer wichtigsten Fotos und Videos an. Die Fotos-App durchsucht automatisch Ihre Mediathek nach bedeutenden Personen, Orten, Urlauben usw., und präsentiert diese dann in kuratierten Sammlungen, die als ›Andenken‹ bezeichnet werden.«[3]

Urplötzlich schenkte mir mein iPhone einen »Film« über den Sommerurlaub mit meiner Tochter.

Nicht nur Google und Apple, auch Facebook beglückt seine NutzerInnen mittlerweile mit solchen »Diashows«. Unter dem Titel »Zusammenhalt ist alles« und mit dem Zwischentitel »Zusammensein macht glücklich« erhielt ich unlängst ein 43 Sekunden dauerndes, automatisch generiertes Video, in dem meine Aufnahmen mit einem Fotopool von Facebook scheinbar recht beliebig durchmischt wurden.

Abb. 2–1 Automatisch generiertes Fotovideo von Facebook
Quelle: Eigene Screenshots, Juni 2018

Der Inhalt des Facebook-Fotovideos ist gleichermaßen unangreifbar, d.h. politisch korrekt wie stupide. Der Themenkomplex Zusammensein/Zusammenhalt hat weltweite Gültigkeit. Das Template gilt für jede/n Facebook-

---

3) [ECO] *https://support.apple.com/de-de/HT207023*

NutzerIn, der oder die eine Anzahl von FreundInnen hat. Funktion ist wohl nur die eigene Viralität: das Teilen des Videos mit anderen. Der Inhalt selbst ist so sinnbefreit wie viele *Social Cards* oder *Social Clips*, die derzeit mit Tools der Semi-Automatisierung von Inhalten[4] für Facebook und andere soziale Medien erstellt werden.

Imageclips gelten bei vielen Unternehmen immer noch als sehr kostspielige Projekte. Weniger bekannt ist, dass es mittlerweile auch Angebote gibt, mit denen man gratis oder zu sehr niedrigen Kosten automatisch Videos generieren kann, wie etwa MySimpleShow. Der Berliner Pionier in Sachen automatischer Textgenerierung und Textanalyse, Retresco, hat mit MySimpleShow, ebenfalls aus Berlin, ein solches automatisches Imagevideo produziert. Auch die Stimme kommt hier natürlich von der Maschine.

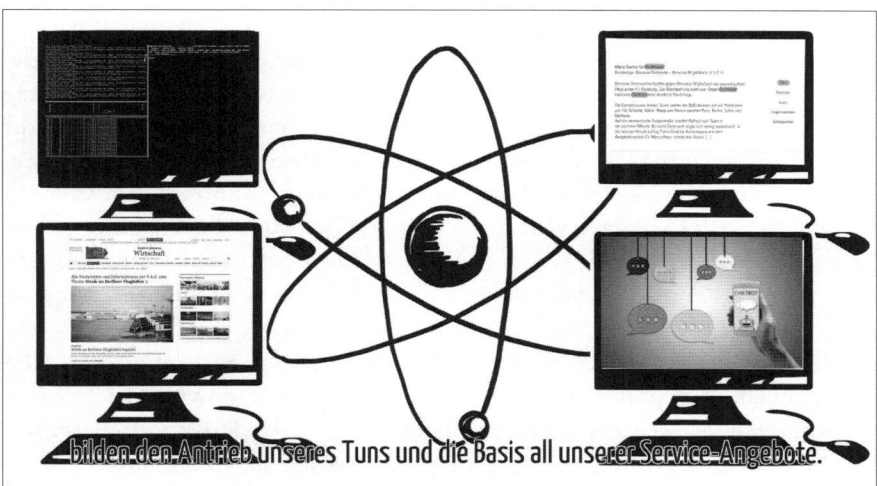

Abb. 2–2 Mit MySimpleShow automatisch generiertes Explainer Video von Retresco
Quelle: Screenshot von [ECO] *https://vimeo.com/user86148146/review/277086627/ e22a20ddab,* 2018

---

4) Siehe Tools wie Canva oder Spark für die Erstellung von *Social Cards* und Tools wie Quik für die Erstellung von *Social Clips.* Mittlerweile gibt es in diesem Bereich zahlreiche Anbieter von Desktop- und Smartphone-App-Lösungen, kostenlose und kostenpflichtige. Alle eint sie eine gewisse Homogenität der Templates und Designs. App-Templates für Grafiken und Fotogalerien erinnern ein wenig an Flächenradio der Variante »Adult Contemporary«: Hier gibt es nur Mainstream und Einheitsbrei, für Abweichungen vom Massengeschmack ist kein Platz.

Anbieter zur Erstellung von Erklärvideos arbeiten ebenfalls mit Templates, hier Storylines[5] genannt. Das Tool eignet sich nicht nur für Unternehmensvideos, sondern auch für Kochrezepte, Einladungen und Buchzusammenfassungen. Auch hier ist der ästhetische Preis zu zahlen: »Originalität« wird zur massenhaften Replikation.

Noch fertigen Studierende ihre Präsentationen mit PowerPoint (oder seltener: Prezi) selbst an, und die Inhalte sind noch sehr textlastig. Nur selten stellen StudentInnen ihr Thema mit einem Explainer Video dar. Doch das könnte sich ändern, wenn wir uns weiter weg von der typografischen und hin zur »posttypografischen Kultur« (Michael Giesecke[6], Frank Hartmann) bewegen, in der multimediale Skills den rein textlichen überlegen sein sollen.

Meine ersten Beispiele zeigen, dass die vielgepriesene Multimedia-Kompetenz für die Erstellung von Multimedia-Inhalten dieser Art kaum mehr notwendig ist, da solche Contents (zumindest semi-)automatisch erstellt werden können. Google und Facebook beglücken NutzerInnen bereits mit Ready-Mades: Der/die NutzerIn muss gar nichts mehr auswählen bzw. in Auftrag geben, sondern der Push-Mechanismus der Medien selbst liefert die konfektionierten Inhalte frei Haus. Die eigene Kreativität, das eigene Arrangement, das eigene Storyboard sind hier nicht mehr vonnöten. Anbieter zur Produktion von Explainer Videos, von Social Cards oder Social Clips verlangen zumindest eine Auswahl aus einer endlichen Serie von Templates und auch noch das eigene Texten, wobei auch hier deutliche Limitierungen bestehen.

Eigenes Texten? Wenn Bewegtbilder bereits automatisch produziert werden können, müsste dies auch für Texte möglich sein, obwohl die Aufgabe ungleich schwieriger erscheint. Doch gerade das Feld der automatischen Textgenerierung boomt seit einigen Jahren und scheint ökonomisch zumindest derzeit vielversprechender zu sein als automatisierte Multimedia-Produktion. Bei der automatischen Textgenerierung ist immer zu unterscheiden zwischen templatebasierten Ansätzen, Machine-Learning-Verfahren und »echten« Deep-Learning-Methoden auf Basis künstlicher neuronaler Netze, hier vor allem rekurrenter neuronaler Netze (dazu mehr in Kap. 4 und Kap. 5).

Betrachten wir als nächstes einführendes Beispiel das Versprechen des Berliner Unternehmens »2txt – natural language generation«. In der Selbst-

---

5) [ECO] *https://www.mysimpleshow.com/de/features/#all-storylines*
6) Etwa [SCI] Michael Giesecke (2006): Triadisches Denken und posttypographische Erkenntnistheorie. *http://www.michael-giesecke.de/giesecke/dokumente/261/Triadisches_-Denken.pdf*

darstellung grenzt sich die Company von templatebasierten Ansätzen ab: »Unsere semantischen Modelle und Grammatiken sind wesentlich flexibler als herkömmliche Template-Lösungen und besitzen damit eine so große Ausdruckskraft, dass wir deutlich skalierbarer und vielfältiger Texte generieren können als vergleichbare Ansätze.«[7] Man kann daran glauben oder nicht. Nur Kunden könnten bestätigen, dass dies tatsächlich bereits funktioniert. Woher weiß selbst das schlaueste künstliche neuronale Netz »von sich aus«, dass es sich beim Modell GE72 7RE-049DE um »ein leistungsstarkes Oberklasse-Notebook« handelt? Eine solche Verknüpfung ist nur möglich, wenn das dem Programm schon einmal irgendwo gesagt wurde oder es Zugriff auf Dokumente oder Web-Inhalte hat, aus denen diese Information hervorgeht.

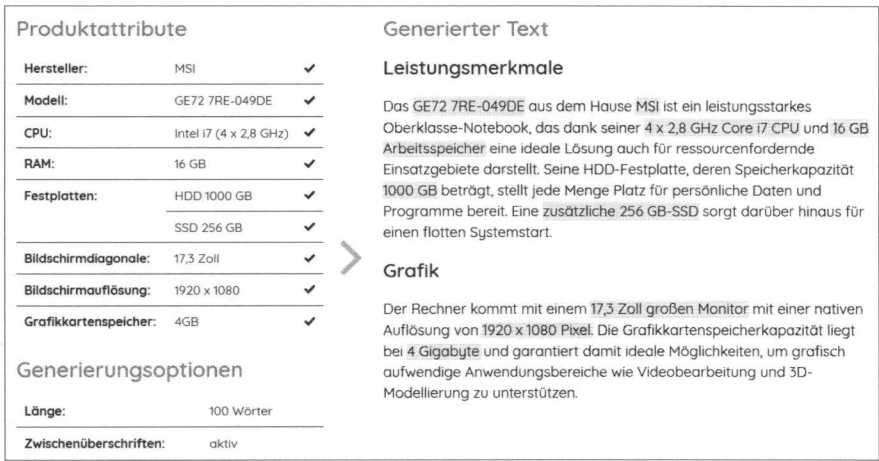

Abb. 2–3 Von 2txt angeblich automatisch generierte Produktbeschreibung anhand der Daten links. Quelle: Screenshot von [ECO] *https://2txt.de*

Wie immer in der Netzkultur ist es schwierig, Heilsversprechen von Unternehmen zu verifizieren. Jede Innovation produziert rasch zahllose Anbieter und Nachahmer im Netz. Nicht anders verläuft die derzeitige Entwicklung im Bereich der automatischen Textgenerierung.

Dennoch: Wie breit das Feld der automatisch erzeugten Inhalte (d.h. von *Automated Content*) bzw. das Feld des *Versprechens* von automatisch erzeugten Inhalten bereits ist, zeigt folgende Tabelle, die selbstverständlich keinen Anspruch auf Vollständigkeit erhebt (Erhebungszeitraum Juli 2018):

---

7)   [ECO] *https://2txt.de*

Content-Typ	Anbieter (Auswahl)	Webseite
Journalistischer Text (z.B. Wetter, Sport, Wirtschaftsnachrichten, Wahlergebnis)	In den USA z.B. Automated Insights und Narrative Science, in DE z.B. Retresco, AX Semantics, TextOmatic	*https://automatedinsights.com, https://narrativescience.com, https://retresco.de, https://ax-semantics.com, https://textomatic.net*
E-Commerce-Text (z.B. Produktbeschreibung)	2txt, Retresco, AX Semantics, TextOmatic	*https://2txt.de, https://retresco.de, https://ax-semantics.com, https://textomatic.net*
Google-Analytics-Bericht	Narrative Science	*https://quillengage.com*
Wissenschaftlicher (Kurz-)Text	Articoolo	*http://essaybuddy.net*
Wissenschaftliches Buch	ICON Group International	*https://icongrouponline.com*
Belletristisches Buch (Lyrik, Roman …)	P.M. Parkers Algorithmus, ICON Group *(nicht öffentlich, laut Parker in Planung)*	*https://youtube.com/watch?v=SkS5PkHQphY*
Infografik	Graphiq	*https://graphiq.com*
Kunstwerk (Grafik, Bild)	Rutgers University, Googles DeepDream	*https://sites.google.com/site/digihumanlab/home (nicht kommerziell); https://ai.googleblog.com/2015/07/deepdream-code-example-for-visualizing.html (nicht kommerziell)*
Explainer Video	simpleshow	*https://mysimpleshow.com/de*
Video, Imageclip	Wibbitz	*https://wibbitz.com*
(Kurz-)Film	Thereforefilms	*http://thereforefilms.com/sunspring.html*

Tab. 2–1   *Anbieter automatisch erzeugter Inhalte nach Content-Typen (Eigene Übersicht, 2018)*

Paradigmatisch geht es immer darum, dass Daten in Content verwandelt werden: Das ist das Versprechen von Automated Content. Bislang hat die Digitalisierung die Tools zur Produktion von Inhalten perfektioniert. Nun macht sie sich daran, die Produktion von Inhalten selbst zu leisten. Der »Kommunikator« aus der Kommunikationswissenschaft, der bislang in allen Modellen als ein Mensch gedacht war, kann nun auch ein Computerprogramm, kann ein Code sein. Das ist neu in der Evolution der Medien, obwohl sich Spuren eines »Schreibroboters« bereits 1726 in Jonathan Swifts »Gullivers Reisen« finden lassen.[8]

Bislang galt die Unterscheidung von Daten und Informationen oder die Trias von Daten, Informationen und Wissen als unverrückbar. Ebenso hieß es: Die Daten kann zwar die Maschine liefern, aber die *Interpretation* der Daten muss immer noch der Mensch leisten. Nunmehr scheint auch die Interpretation algorithmisch bearbeitbar zu werden. Semantische Technologien erheben erstmals den Anspruch, tatsächliches Textverstehen zu leisten. Neuere Ansätze wie etwa die Latente Semantische Analyse (LSA) oder die von AX Semantics eingesetzte Technologie versprechen die automatische Erkennung des Bedeutungsraums eines Wortes oder ganzen Satzes. Dabei ist immer zu berücksichtigen, dass es sich um mathematische Verfahren handelt, die – ganz im Sinne der Philosophen Ludwig Wittgenstein und Josef Mitterer – *innerhalb der Sprache* agieren. Wenn der semantische Raum ein Vektorraum ist, gibt es keinen »Realitätskontakt«. Vielmehr treffen Terme der Sprache auf mathematische Gleichungen. Die Versuche, dem Computer Textverstehen, also eine Art Hermeneutik beizubringen, passen somit zu Strömungen in der Sprachphilosophie, die Bedeutungen auf andere Bedeutungen zurückführen und/oder Sprache als wichtigsten (im radikalen Sinne sogar: primordialen und alleinigen) Konstrukteur von Wirklichkeit verstehen.

Noch niemand hat eine Geschichte des Automated Content geschrieben. An dieser Stelle nur so viel: Vorboten von Automated Content finden sich im analogen Zeitalter gleich mehrere: Man denke nur an die Methoden des Cut-up und Fold-in von William S. Burroughs und Brion Gysin, also des Zerschneidens, Faltens und Neu-Zusammenlegens von Texten, wodurch scheinbar beliebige und nicht verständliche ‚neue‘ Texte entstehen. Durch menschliche Auswahl dieser willkürlichen Kreationen entstehen mögliche neue Sinnzusammenhänge. Das Prinzip der *Aleatorik* spielte im 20. Jahrhundert nicht nur in der Literatur, sondern auch in der Malerei und in der Musik eine Rolle. *Automatisches Schreiben* gilt schon seit den Surrealisten als eine

---

8) Siehe den entsprechenden Hinweis in [SCI] Kenneth Goldsmith (2017): Uncreative Writing. Sprachmanagement im digitalen Zeitalter, Berlin: Matthes & Seitz, S. 321

Methode, um am Bewusstsein vorbei Texte zu generieren.[9] Roland Barthes' vielzitiertes semiologisches Diktum vom »Tod des Autors« war zwar 1969 als Aufruf gedacht, sich weniger um die Intentionen des Autors und mehr um den Text selbst zu kümmern, erhält aber aus heutiger Sicht eine neue Bedeutung: Der menschliche Autor wird womöglich zunehmend obsolet, wenn Algorithmen Texte, Bilder und schließlich sogar Filmskripten produzieren können. Im positiven Szenario werden bloß redundante Tätigkeiten vom Computer erledigt werden: Wer will schon Hunderte Produktbeschreibungen für einen Webshop verfassen oder aus Fließtexten dutzende Prüfungsfragen und Antworten für Multiple-Choice-Tests generieren? Wenn hierbei die Maschine hilfreich oder gar federführend sein kann, scheint das einen positiven Effekt zu haben: In der Positiv-Vision von Automated Content hat der Mensch (wieder mehr) Zeit, sich um kreative(re) Aufgaben zu kümmern.

Was geschieht aber, wenn Algorithmen sich aufmachen[10], um in jene Domäne der Kreativität, des Erzeugens von neuem Wissen vorzudringen, von der man noch bis vor Kurzem glaubte, dass sie auch weiter exklusiv dem Menschen vorbehalten sein wird? Nehmen wir etwa den kreativen Prozess des Schreibens einer wissenschaftlichen Arbeit: Was geschieht, wenn die Arbeitsschritte der Themenfindung, der Literatursuche, der Quellenbewertung, des Zitierens *und des Schreibens* von Computerprogrammen übernommen werden können? Automatisches Lektorat und Layout verstehen sich von selbst. Und: Die automatisch generierten Texte werden dann auch noch zunächst vom Computer und nicht vom Menschen geprüft, namentlich von Plagiatssoftware. Was geschieht, wenn der Kommunikator ein Computerprogramm ist und der erste Rezipient ein anderes Computerprogramm? Man kann dann nicht mehr argumentieren, dass der Computer redundante Tätigkeiten erledigen würde. Im Gegenteil, er würde dann ja in das Zentrum der menschlichen Kreativität vordringen. Ebenso verfehlt wäre der Hinweis darauf, dass Studierende dann Zeit für andere Kreativarbeiten hätten. Denn auch Bilder, Videos und Filme könnte dann der Computer erstellen. In einem solchen Szenario wäre der Mensch tatsächlich nur noch eines: der Programmierer und Optimierer der Maschinen, der Überwacher des automatisierten

---

9) Der Begriff »Écriture automatique« wurde bereits 1889 eingeführt ([MED] *https://de.wikipedia.org/wiki/Écriture_automatique).*
10) Dazu einführend und lesenswert: [SCI] Christopher Steiner (2013): Automate This. How Algorithms took over Our Markets, Our Jobs, and the World. New York: Penguin. Im Speziellen zum Wandel von Medien und Öffentlichkeit durch die Algorithmisierung ist elementar: [SCI] Konrad Lischka, Christian Stöcker (2017): Digitale Öffentlichkeit. Wie algorithmische Prozesse den gesellschaftlichen Diskurs beeinflussen. Gütersloh: Arbeitspapier der Bertelsmann-Stiftung, *https://www.bertelsmann-stiftung.de/fileadmin/files/BSt/ Publikationen/GrauePublikationen/Digitale_Oeffentlichkeit_final.pdf*

Prozesses. (Und wenn sich eines Tages auch noch die Programme selbst optimieren können, was dann?)

Die Auswirkungen auf menschliche Sprache und Kognition wären nicht absehbar. Unsere Hirnstrukturen würden sich wohl stark verändern, wenn wir nicht mehr selbst kreativ Probleme lösen müssen, sondern nur noch die Codes perfektionieren, die für uns die Probleme lösen.

3 Google, Facebook & Co.: Was können und was planen die Big Five?

Der kontroverse deutsche Psychiater und Medienskeptiker Manfred Spitzer sagte einmal sinngemäß, er wolle in keiner Medienwelt leben, die von fünf amerikanischen Konzernen beherrscht wird. Diese »Big Five«, so der Sprachgebrauch seit einiger Zeit, sind Google, Facebook, Apple, Microsoft und Amazon. Von Suchservices bis zu Handybetriebssystemen arbeiten alle fünf an ähnlichen Themen und kommen doch aus ganz unterschiedlichen Kontexten. Jaron Lanier sagte dazu kürzlich in einem Interview mit Christoph Drösser in der »Zeit«:

> »Unter den fünf großen Tech-Firmen sind nur zwei, die abhängig sind von diesem süchtig machenden Geschäftsmodell, das sind Google und Facebook. Sie verdienen Geld nur über Online-Anzeigen. Die anderen drei, Apple, Amazon und Microsoft, verkaufen auch richtige Produkte und Dienstleistungen.«[1]

Die deutschsprachige Kommunikationswissenschaft nennt die »Big Five« seit einiger Zeit etwas sperrig die »Tech-Intermediären«. Das soll heißen, dass diese auf so gut wie allen technologischen Medienkanälen als Technologieführer und »Vermittlungsinstanzen« aktiv sind: An ihnen führt kein Weg vorbei.

Wenn es um den Trend zu automatisch generierten Inhalten geht, ist es also unvermeidlich, sich den Status quo der »Big Five« genauer anzusehen und diese zu fragen, was die Zukunft mit sich bringen wird. Dazu gleich vorweg: Je bedeutender der »Tech-Intermediäre«, desto weniger auskunftsfreudig war er. Auch nach zunächst wohlwollenden Reaktionen mehrerer Pressesprecher und PR-Agenturen verweigerten letztlich sowohl Google als auch Facebook jegliche Auskunft über Betaversionen und geplante Entwicklungen.

---

1) [MED] *https://www.zeit.de/2018/23/soziale-medien-einfluss-facebook-twitter-jaron-lanier/seite-2*

Es ist erstaunlich, wie intransparent und zugeknöpft diese vermeintlich liberalen Unternehmen sind. Auch die Tatsache, dass zwar immer wieder reagiert und hin und her delegiert wurde, aber letztlich keine verwertbare Antwort kam, zeugt nicht von Effizienz. Apple und Wikipedia, vor allem aber kleinere Unternehmen und Start-ups erwiesen sich nicht nur als auskunftsfreudiger, sondern haben mitunter den Autor gleich in die jeweilige Company eingeladen.

Zunächst kurze definitorische Überlegungen: In einem *erweiterten Sinne* sind jede Liste von Google-Ergebnissen und jeder Facebook-Newsfeed automatisch generierter Content, da die Abfolge der Einzel-Items von Algorithmen bestimmt wird: Bei den Ergebnissen der Google-Websuche spielen geografische (via IP-Adresse) und persönliche (vergangenes Suchverhalten via Cookies) Determinanten eine Rolle, vor allem eben bei Suchbegriffen wie »Bäcker« oder »Zahnarzt«, bei denen Google annimmt, dass der/die NutzerIn einen lokalen Bezug impliziert oder eben bei Suchbegriffen, die der/die NutzerIn in der Vergangenheit bereits häufig eingetippt hat. Ich habe aber festgestellt, dass sich etwa auch die ersten zehn Suchergebnisse der Google-Websuche »Alternative für Deutschland« zwischen einem Nutzer in Dresden, Deutschland, und einem Nutzer in Klagenfurt, Österreich, ab dem vierten Treffer zu unterscheiden beginnen – ohne dass bei beiden eine Suchhistorie des Begriffs bestehen würde (beide nutzten google.de).[2] Wenn man aber auch Google-Ergebnisse oder Facebook-Newsfeeds als automatisch erzeugte Inhalte bezeichnen möchte, wie nennt man dann etwa Facebook-Freundschaftsalben oder roboterjournalistische Texte? Ich beschränke mich im Folgenden auf die Definition von automatisch generiertem Content im *engeren Sinne*. Google-Ergebnisse oder Facebook-Newsfeeds sind hingegen von Algo-

---

2) Dennoch waren die Ergebnisse bei Weitem nicht so markant, dass man von einem *Filterblasen-Effekt* sprechen könnte. Ich ließ insgesamt sechs Stichwörter auf Computern in Brüssel, Dresden und Klagenfurt testen. Pro Person gab es zwei Stichwörter mit persönlichem Bezug, Stichwörter also, die in der Suchhistorie der jeweiligen Person oft vorkamen und die dann auch die jeweils anderen beiden googelten (ohne relevante Suchhistorie). Anschließend wertete ich die Screenshots der ersten Treffer-Seite aus. Die Unterschiede in den Reihungen, die in der Regel ab dem 4. oder 5. Treffer begannen, waren jedoch allesamt kleinere Verschiebungen. Dies wird auch durch neueste Forschungen bestätigt: [SCI] Tobias D. Krafft, Michal Gamer, Katharina Anna Zweig (2018): Personalisierung auf Googles Nachrichtenportal während der Bundestagswahl 2017, Technical Report, *https://www.researchgate.net/publication/323258812_Personalisierung_auf_Googles_Nachrichtenportal_während_der_Bundestagswahl_2017*. Die Verfasser bemerken: »Wir kamen daher zu dem Schluss, dass für eine algorithmisch erzeugte oder vertiefende ‚Filterblase‘ nach Eli Parisers Theorie nicht viel Raum sei.« Siehe auch [MED] *https://algorithmwatch.org/de/filterblase-geplatzt-kaum-raum-fuer-personalisierung-bei-google-suchen-zur-bundestagswahl-2017*

rithmen gerankter Content. Dieser kann wiederum automatisch generierte Inhalte als Content-Items bzw. -Elemente enthalten.

Automatisch erzeugter/produzierter/generierter Inhalt bzw. Content kann somit als jener Content definiert werden, der *eine abgeschlossene Sinneinheit darstellt (etwa Bilderalbum, journalistischer Bericht, Computergrafik, Explainer Video), die in diesem Arrangement/in dieser Abfolge der Bestandteile nicht von Menschenhand produziert wurde, sondern das Ergebnis der Anwendung von Algorithmen ist – mitunter aber auf der Basis von Templates, deren Inhalte die Menschen vorab produziert hatten.* Die entscheidende Frage ist daher: Fand ein automatisches Neu-Arrangement von Bestandteilen/ Elementen innerhalb der Sinneinheit statt? – Freilich müssen wir zugestehen, dass die Grenze zwischen automatisch generierten Inhalten und anderen Formen des automatisierten Einwirkens auf Inhalte (wie Inhalte-Extraktion, -Hierarchisierung oder -Zusammenfassung) zu einem gewissen Grad auch fließend ist – wie dies bei nahezu allen sozialwissenschaftlichen Definitionen der Fall ist.

3.1 Google

Bei Google konnten acht Features bzw. Erscheinungsformen identifiziert werden, die mit dem automatischen Extrahieren und/oder Generieren von Content zu tun haben. Auffallend ist dabei, dass Google häufig auf Quellenangaben bei automatischen Inhalten verzichtet und eine manuelle Änderung des Contents oftmals trotz Feedback-Option nicht möglich ist.

Featured Snippets

Es handelt sich dabei um automatisch extrahierte Texte, die Antworten auf einfache in die Suchmaschine eingetippte Fragen darstellen. Diese erhalten den Platz 0 auf der Trefferliste, d.h. in der organischen Suche. Google entscheidet selbst, welche Suchbegriffe bzw. Suchanfragen mit einem Featured Snippet beantwortet werden.[3] Erstaunlich viele Suchanfragen werden nicht mit einem Featured Snippet versehen. Eine Logik der Abgrenzung ist eigentlich nicht erkennbar. Auch lässt sich nicht beeinflussen, von welcher Webseite das Featured Snippet entnommen wird. Bei deutschsprachigen Google-Seiten dürften dies häufig der Duden oder die Wikipedia sein.

---

3)　Nähere Informationen auf [ECO] *https://support.google.com/webmasters/answer/ 6229325?hl=de-DE*

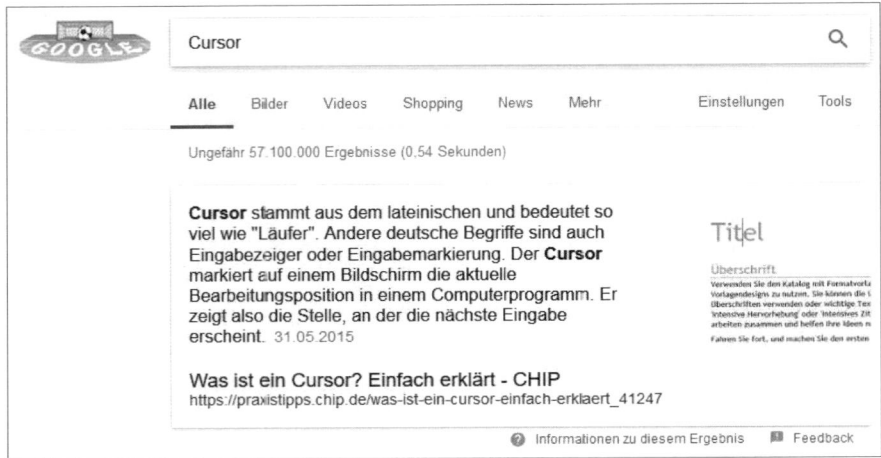

Abb. 3–1   Featured Snippet oberhalb der Trefferliste zur Suche »Cursor«
Quelle: Screenshot von [ECO] *https://www.google.de*

Google entscheidet am Beispiel der Suche »Cursor« etwa, dass nicht der entsprechende Wikipedia-Eintrag angezeigt wird, sondern die Praxistipps-Seite von chip.de. Quellen- und Datumsangabe sind erfolgt, auch das Bild wurde von der Quelle mit übernommen.

Abb. 3–2   Featured Snippet oberhalb der Trefferliste zur Suche »Was heißt Copy/Paste?«
Quelle: Screenshot von [ECO] *https://www.google.de*

»Was heißt Copy/Paste?« wird ebenfalls mit einem Featured Snippet beantwortet. Bemerkenswert ist hier, dass die bloße Eingabe von »Copy/Paste«

nicht zum Featured Snippet geführt hätte. Dieses wird erst angezeigt, wenn das Suchwort mit »Was ist ...« oder »Was heißt ...« verknüpft wird.

Featured Snippets sind in der Grauzone zwischen automatisch erstelltem Content und organischer Trefferliste anzusiedeln (kein automatisch erstellter Content im engeren Sinne). Ich habe mich dennoch entschieden, sie hier aufzunehmen, weil sie eventuell Vorboten von Automated Content bei Google sind.

Ein neues Feature ist in diesem Zusammenhang die »Nutzer fragen auch«-Box. Google zeigt mit diesem Feature einen Trend an, von der Suche mit Termen und der Antwort mittels einer bloßen Auflistung von Webseiten wegzugehen in die Richtung einer mehr dialogischen Frage/Antwort-Suchmaschine. Der/die NutzerIn formuliert Fragen an Google, und Google beantwortet diese Fragen.

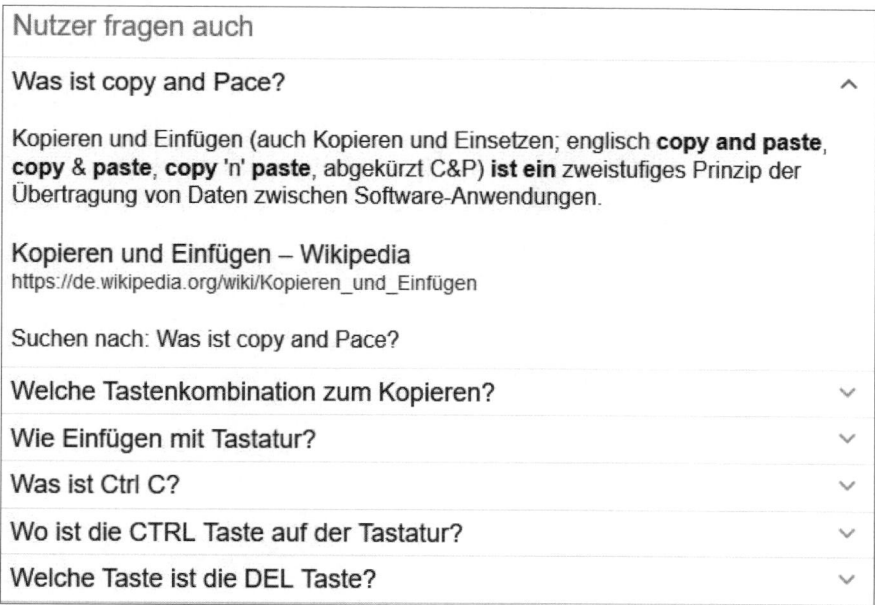

Abb. 3–3 »Nutzer fragen auch«-Box zur Suche »Was ist Copy/Paste?«
Quelle: Screenshot von [ECO] *https://www.google.de*

Knowledge Graph

Der Google Knowledge Graph ist älter als die Funktion Featured Snippets oder die Neuentwicklung der »Nutzer fragen auch«-Box. Das Projekt Knowledge Graph ist Googles semantische Datenbank, die vorwiegend aus Personen, Unternehmen/Organisationen und historischen Ereignissen besteht. In Deutschland ist die Funktion seit Ende 2012 online.[4] Sichtbar sind die Ergebnisse des Knowledge Graph rechts neben der organischen Trefferliste. Hier werden Fotos, Texte sowie verwandte Suchanfragen angezeigt. Wie bei den Featured Snippets handelt es sich auch bei den Knowledge-Graph-Infoboxen um automatisch extrahierte Inhalte – allerdings mit dem entscheidenden Unterschied, dass die Inhaltspartikel spezifisch arrangiert werden. Bei Kurzangaben, etwa biografischen Daten, fehlen manchmal die Quellenangaben. Viele Zuordnungen, etwa von Fotos zu Wikipedia-Texten oder von Büchern zu Autoren, stimmen auch nach sechs Jahren noch nicht. Es gibt eine Feedback-Funktion, die offenbar keine Wirkung hat. So habe ich etwa schon mehrmals gemeldet, dass in meiner Knowledge-Graph-Infobox das Foto eine andere Person darstellt und fünf von zwölf insgesamt mir von Google zugeschriebenen Büchern nicht von mir stammen. Und alle fünf angeblich im Verein mit mir »auch oft gesuchten« Personen stehen in Wahrheit mit mir in keinem Zusammenhang, müssen also auf einen anderen Stefan Weber hinweisen. Der Eintrag blieb jedoch mit diesen Fehlern bis vor kurzem bestehen.

---

4) [MED] *https://www.heise.de/newsticker/meldung/Googles-Knowledge-Graph-fuer-Deutschland-1762274.html*

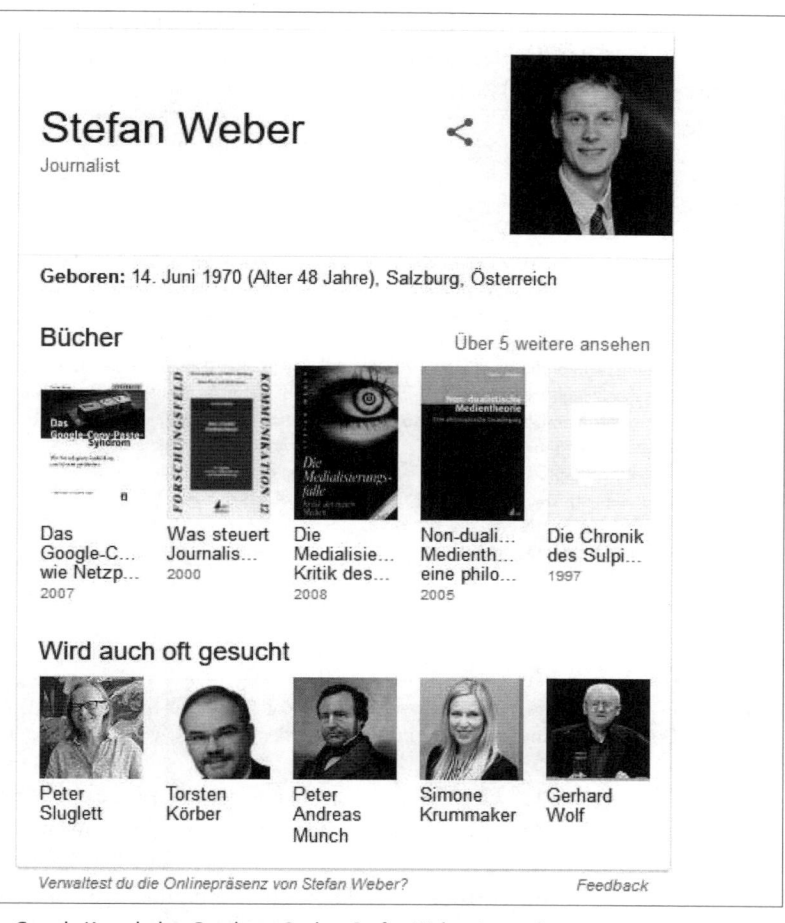

Abb. 3–4 Google Knowledge Graph zur Suche »Stefan Weber Journalist«
Quelle: Screenshot von [ECO] *https://www.google.de*

Google Translate

Google Translate basiert seit 2016 auf einem speziellen »Neural Machine Translation (NMT)«-System mit rekurrenten neuronalen Netzen, entwickelt gemeinsam vom Google-Translate- und vom Google-Brain-Team. Viele NutzerInnen haben eine signifikante Verbesserung der Übersetzungsleistung (in derzeit 103 Sprachen) bemerkt.

Die Google-Forscher selbst schreiben in einem entsprechenden Paper: »(…) this GNMT (Google Neural Machine Translation – Anm. Autor) system delivers roughly a 60% reduction in translation errors on several popular language pairs.«[5]

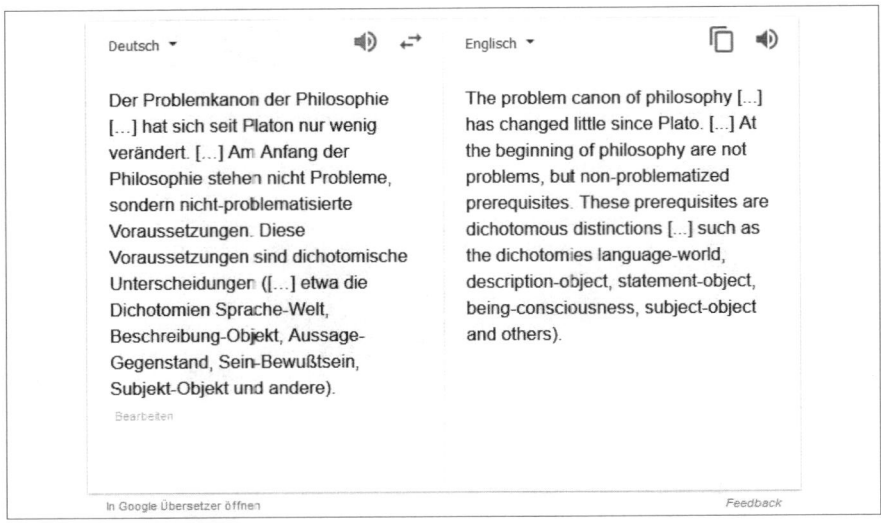

Abb. 3–5 Google Translate mit einer Passage des Philosophen Josef Mitterer
Quelle: Screenshot von [ECO] *https://www.google.de*

Wie das Beispiel zeigt, liefert Google Translate eine lupenreine Übersetzung einer erkenntnistheoretischen Passage, die dem Buch »Das Jenseits der Philosophie« von Josef Mitterer (1992/2011) entnommen wurde. Zusätzlich wird mit Klick auf das Lautsprechersymbol sowohl die deutsche als auch die englische Version in maschineller Sprache ebenso fehlerfrei wiedergegeben.

Hoteldetails auf Google Maps

Ein dubioses Beispiel für einen der Menschenhand entzogenen Content unklarer Herkunft sind die Kurz- und Detailbeschreibungen von Hotels auf Google Maps. Diese sind offenbar weltweit in zahlreichen Sprachen mit Hilfe eines universellen Templates verfasst worden: Zuerst die Verortung des Hotels mittels Geodaten, dann die Beschreibung des Inneren und schließlich die Beschreibung von Extras und Services. Die Texte lesen sich so uniform,

---

5) [SCI] Yonghui Wu, Mike Schuster, Zhifeng Chen u.a. (2016): Google's Neural Machine Translation System: Bridging the Gap between Human and Machine Translation, *https://arxiv.org/pdf/1609.08144v2.pdf*

dass zumindest eine semiautomatisierte Generierung wahrscheinlich erscheint.[6] Plagiatssoftwareprüfungen haben ergeben, dass diese Texte an keinen anderen Stellen im Netz zu finden sind oder waren. Viele der stichprobenhaft geprüften Texte enthalten Fehler. Entweder ist eine Meldung der Fehler an Google nicht möglich oder es wird auf eine Meldung nicht reagiert. Ich habe mit mehreren Gastronomen und Hoteliers gesprochen, alle haben dasselbe Problem: Die Informationen auf Google Maps stimmen nicht, aber es gibt keine Änderungsoption.

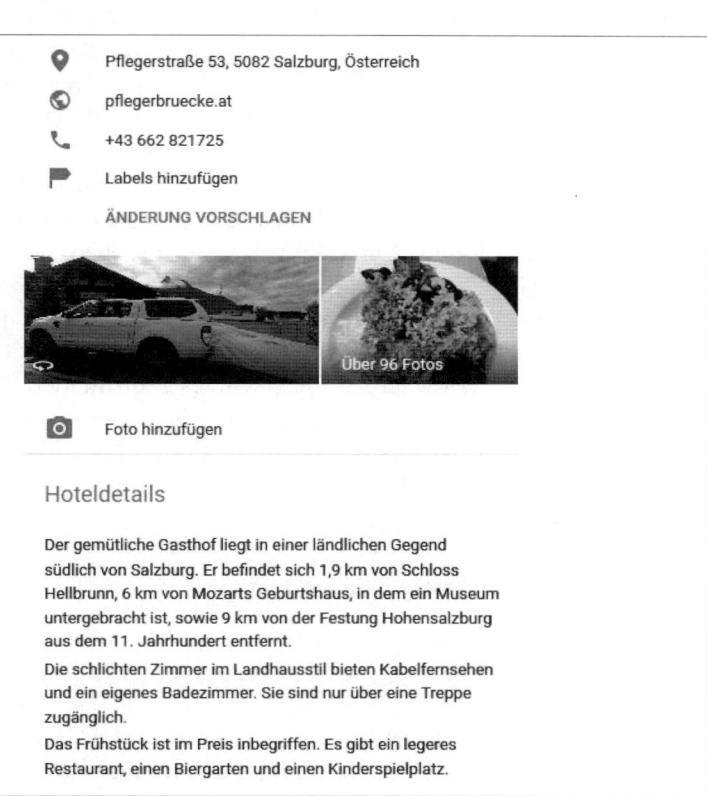

Abb. 3–6 Hotelbeschreibung auf Google Maps
Quelle: Screenshot von [ECO] *https://www.google.de/maps*

---

6) Google behauptet hingegen für Unternehmen allgemein: »Redaktionelle Zusammenfassungen sind Kurzbeschreibungen, die von Textern erstellt werden, um eine kurze Übersicht über beliebte Unternehmen zu geben.« [ECO] *https://support.google.com/business/answer/6088158?hl=de*. Allerdings fehlt auch hier eine Angabe zur Herkunft der »Hoteldetails« (der Langversion von Hotelbeschreibungen unterhalb der Kurzbeschreibungen auf Google Maps).

Folgende Textsegmente vermitteln im Beispiel von Abbildung 3–6 ein Zerrbild eines Salzburger Traditionsbetriebs: Die »einfachen« bzw. »schlichten« Zimmer wurden vor einigen Jahren grundlegend renoviert (Google Maps verwendet in der Dreistern-Kategorie weltweit häufig die Begriffe »einfach« und »schlicht«, die meines Erachtens irreführend sind). Der »Landhausstil« ist in Wahrheit ein alpiner Stil. Der Begriff »Biergarten« wird in Salzburg kaum verwendet, man spricht eher von einem Gastgarten. Die angeführten Geodaten von Sehenswürdigkeiten sind sinnbefreit. Dass in Mozarts Geburtshaus »ein Museum untergebracht« ist, hat mit einem Gasthof am südlichen Rand Salzburgs wenig bis nichts zu tun. Die Angabe, dass die Festung Hohensalzburg »aus dem 11. Jahrhundert« stammt, ist auch mit dem betreffenden Objekt in keinen stimmigen Zusammenhang zu bringen. Die Angabe der Entfernungen zum Schloss Hellbrunn und zum Zoo Salzburg, zu zwei tatsächlich nahegelegenen Destinationen, wäre aufschlussreicher gewesen. Die Herkunft und der Sinn der Ausführungen bleiben im Verborgenen. Dabei hätte es eine wesentlich validere Quelle zum Objekt im Netz gegeben.[7]

Alle Versuche, die Herkunft dieser Texte aufzuklären, schlugen fehl. Google gibt seine Quellen nicht preis, ebenso rätseln alle IT-JournalistInnen und WissenschaftlerInnen, die ich befragt habe. Es bleiben also Hypothesen. Kann das sein, dass Wirtschaftstreibende im 21. Jahrhundert Texte vorgesetzt bekommen, deren Ursprung unklar ist und die sie selbst nicht beeinflussen können?[8] In der Tat hat dies etwas von moderner Netzdiktatur. Erstaunlich ist aber auch, dass der kollektive Protest der Betroffenen in dieser Sache bislang völlig ausgeblieben ist.

Smart Albums mit der Google Photos App

Die Google Photos App erstellt schon seit 2016 automatisch »intelligente Fotoalben«, wenn BenutzerInnen auf Reisen waren.[9] Das Feature wurde in diesem Buch bereits im zweiten Kapitel vorgestellt. Die Titel der einzelnen Seiten können manuell bearbeitet werden. Basis sind Algorithmen zur Geolokalisierung sowie zur Objekt- und Gesichtserkennung mit Hilfe »schwacher« künstlicher Intelligenz. 255.000 Sehenswürdigkeiten weltweit würde die Google

---

7)   [MED] *https://www.sn.at/wiki/Gasthof_Die_Pflegerbr%C3%BCcke*

8)   Natürlich will sich Google davor schützen, dass sich alle Unternehmen selbst darstellen. Die derzeitigen Texte sind hier vielleicht das geringere Übel. Aber ist diese Lösung der Weisheit letzter Schluss?

9)   [ECO] *https://www.androidheadlines.com/2016/03/google-photos-now-has-more-intelligent-album-creation.html*, [MED] *https://www.zdnet.de/88264289/google-fotos-erstellt-automatisch-alben*

Photos App erkennen, berichtet Wired.[10] Seit 2018 ist es auch möglich, automatisch generierte Fotoalben selbst zu initiieren. Dabei muss ein Template ausgewählt werden. TechCrunch beschreibt das so:

> *»For these movies, you simply select the people or animals who should star in them and Google will automatically try to find the best images and videos, set them to the appropriate music and give you the full video a minute or two after you started the process.«[11]*

Letztlich wäre auch ein Google-Feature vorstellbar, das automatisch und tagesaktuell Erklärvideos als Antwort auf Suchanfragen erzeugt. Eine solche Entwicklung würde jedenfalls gut zum Trend zu Microcontent passen (siehe auch die bereits erwähnten Social Clips).

Automatisierungsprojekt der Google News Initiative

Im Rahmen der Google News Initiative hat Google den Fördertopf »Digital News Innovation Fund« ins Leben gerufen.[12] Gefördert wird hier – neben neuen Modellen der Monetarisierung von Online News und des Schutzes vor Fake News – auch das Unternehmen Trint. Trint verspricht, Audio- oder Videofiles binnen Minuten in durchsuchbare und editierbare Transkripte zu verwandeln.[13] So wie Softwarelösungen wie wibbitz.com den Multimedia-Gestalter fast überflüssig machen, wird Software wie trint.com dazu führen, dass die lästige Sekretariatsarbeit des Transkribierens automatisch erledigt werden kann: Zweifelsohne ein Gewinn für Unternehmen und die Wissenschaft.

Wünschenswert wäre übrigens eine Erweiterung des Tools, die dann auch die üblichen Transkriptionsregeln der qualitativen Sozialforschung beinhaltet.

DeepDream

DeepDream von Google ist ein auf künstlichen neuronalen Netzen basierter Generator zur Transformation von realen Bildern. Die generierten Bilder erhalten durch die automatisierte Bearbeitung häufig einen künstlerischen Touch. Eigentlich ging es den Entwicklern darum, künstliche neuronale Netze zur Objekterkennung zu trainieren.

---

10) [MED] *https://www.wired.com/2016/03/google-photos-assistant*
11) [MED] *https://techcrunch.com/2018/02/07/google-photos-can-now-automatically-create-themed-movies-on-demand/?guccounter=1*
12) [ECO] *https://newsinitiative.withgoogle.com*
13) [ECO] *https://trint.com*

Da die Ergebnisse aber stark an Computerkunst erinnerten und von ästhetischem Wert waren, fand eine Bedeutungsverschiebung statt – hin zu Bildern, »die die Software halluziniert«.[14]

Abb. 3–7 Mit Googles DeepDream erzeugtes Computerbild
Quelle: *https://de.wikipedia.org/wiki/DeepDream*, Lizenz CC-BY-2.0

Computergenerierte Wikipedia-Artikel von Google Brain

Google Brain ist eine Google-Abteilung, die sich mit Deep Learning und künstlicher Intelligenz befasst. Zumindest *ein* Automatisierungsprojekt dieser Abteilung wurde öffentlich kommuniziert: Im Februar 2018 teilte Google mit, dass es einer Software gelungen sei, aus einer vorgegebenen Menge an Texten die Kerninformationen zu extrahieren und daraus einen neuen, kürzeren, zusammenfassenden Text zu montieren.[15] Auf heise.de wird das Vorgehen so beschrieben:

---

14) [MED] *https://de.wikipedia.org/wiki/DeepDream*
15) Siehe das Paper [SCI] Peter J. Liu, Mohammed Saleh, Etienne Pot u.a. (2018): Generating Wikipedia by Summarizing Long Sequences, *https://arxiv.org/abs/1801.10198*

» In einem Prozess, den die Wissenschaftler als ›extraktive Zusammenfas-
sung‹ bezeichnen, scannt die Software diese Texte und ermittelt über
einen Algorithmus die wichtigsten Kerninformationen zum Thema. Die
so herausgefilterten Sätze werden dann über ein neurales abstrahierendes
Modell auf kürzere Informationseinheiten heruntergebrochen und
danach zu einem neuen Text zusammengesetzt. Dabei wird wieder auf
die Sätze in den originalen Texten zurückgegriffen. Die Sätze werden also
nicht komplett neu formuliert. Das Ergebnis wirkt dadurch sprachlich
natürlicher als rein computergenerierte Artikel.«[16]

Zu beachten ist der Hinweis: »Dabei wird wieder auf die Sätze in den originalen Texten zurückgegriffen.« Offenbar entsteht mit der Software also
nichts anderes als ein Plagiat – die Anmaßung der Autorschaft für Sätze aus
anderen Quellen, ohne Anführungszeichen und Quellenangaben.

Es darf vermutet werden, dass Google bei Weitem nicht alles öffentlich
kommuniziert, was derzeit in Entwicklung ist oder bereits die Testphase
erreicht hat. Dies betrifft vor allem auch Big-Data-Analysen mit Millionen
gescannten Büchern aus dem Google-Books-Projekt. Die Rede ist zwar von
Culturomics, der statistischen Untersuchung großer Textkörper als neuer
Methode der Content-Analyse, und Google stellt den *NGram-Viewer*[17] zur
Verfügung, mit dem man Millionen von Büchern quer durch die Jahrhun-
derte nach dem Vorkommen und der Häufigkeit von Stichwörtern durchsu-
chen kann. Es darf aber vermutet werden, dass Google mit seinem »Bücher-
schatz« mehr vorhat als bloße Stichwortsuche. Wie würde eine künstliche
Intelligenz aussehen, die man etwa mit Tausenden wissenschaftlichen Büchern
einer Disziplin füttern würde?

3.2   Facebook, Apple, Microsoft & Amazon

3.2.1   Facebook

Das zweite Unternehmen mit »süchtig machende(m) Geschäftsmodell«[18]
nach Google ist Facebook. Geht es bei Google um die Abhängigkeit des Nutzers von Googles Informationsorganisation bzw. -aufbereitung (Google als
der neue Gatekeeper im Wortsinn bzw. eigentlich als *Meta-Gatekeeper*), geht

---

16)   [MED] *https://www.heise.de/newsticker/meldung/Kuenstliche-Intelligenz-Google-Brain-
       verfasst-selbststaendig-Wikipedia-Artikel-3972870.html*
17)   [ECO] *https://books.google.com/ngrams*
18)   Siehe das Zitat von Jaron Lanier zu Beginn dieses Kapitels, Fußnote 15

es bei Facebook eher selbstreferentiell um das eigene memetische Verbreiten: um *Viralität*. Sind bei Google die Information und deren Ranking im Fokus, so stehen bei Facebook die Person und die Verbreitung einer Nachricht innerhalb eines Freundeskreises im Zentrum.[19] Vier Erscheinungsformen von Automated Content auf Facebook möchte ich beschreiben:

Automatisch generierte Community Pages

Automatisch generierte Gemeinschaftsseiten (»automatically created community pages«) sind Facebook-Seiten, die nicht vom Nutzer/von der Nutzerin angelegt wurden, sondern automatisch entstehen bzw. befüttert werden, wenn ein Unternehmen oder ein Objekt von einem Nutzer/einer Nutzerin auf einer bereits existierenden Facebook-Seite geolokalisiert wird, das selbst aktiv (noch) keine eigene Facebook-Seite betreibt. Das betreffende Posting wird dann automatisch auf der Gemeinschaftsseite des Unternehmens oder Objekts geteilt. Das Unternehmen hat in der Folge keinen Einfluss auf die Inhalte dieser Facebook-Seite, was naturgemäß oft als Ärgernis, ja als »Albtraum für das Online-Marketing«[20] bezeichnet wurde. Community Pages sind so gesehen automatisch generierte »Fan«-Seiten. Die Lösung ist, selbst eine eigene Facebook-Seite zu eröffnen und dann die Gemeinschaftsseite zu löschen. Der Protest wegen dieser Form der Zwangsbeglückung durch Facebook blieb bislang aus. Auf Gemeinschaftsseiten ist auch keine Löschung anstößiger oder geschäftsschädigender Inhalte möglich: Ein Restaurantbetrieb hat etwa keine Kontrolle darüber, welche Menschen nach einem Besuch das Restaurant in einem Newsfeed erwähnen und geolokalisieren, solange diese Beiträge automatisch auf der Gemeinschaftsseite geteilt werden.

Auch wenn die Facebook-Gemeinschaftsseiten zunächst automatisch generiert wurden, gilt in der Folge für deren Inhalte: Sie stellen meiner obigen Definition zufolge automatisch *extrahierte* und nicht genuin *generierte* Inhalte dar (Facebook ändert ja nichts am Content der Postings).

---

19) Deshalb auch der Name: *Gesichter-Buch*. Es hat übrigens noch kaum jemand darüber nachgedacht, dass Facebook – jenes Medium, das das *Buch* als Medium der Zerstreuung abzulösen beginnt – ausgerechnet das Leitmedium der Printkultur im Firmennamen trägt. M. a. W.: Früher ging ich mit einem Buch an den Strand, nun begnüge ich mich mit dem Facebook-Newsfeed auf meinem Smartphone: vom langen typografischen Narrativ zu kurzen multimedialen (posttypografischen) Informationsschnipseln. Konrad Paul Liessmann würde eine Verkümmerung diagnostizieren. Denn das ist mein aktueller Facebook-Inhalte-Mix: Was meine FreundInnen derzeit machen, politische Statements von FreundInnen, gesponserte Beiträge aus der Politik, ein wenig Werbung vorwiegend aus dem Tourismus, Tiervideos, Kleinkindervideos.

20) [MED] *https://frankrapp.de/social-media-marketing/facebook-gemeinschaftsseiten-albtraum-fuer-das-online-marketing*

»Facebook Erinnerungen«-Fotogalerien

Nicht nur die »Facebook Moments«-App bietet automatisch generierte Fotoalben an.[21] Mittlerweile erscheinen im Facebook-Newsfeed fast beliebig Freundschaftsalben (siehe hier im Buch das Beispiel Kap. 2) sowie Familien-, Urlaubs- und Geburtstagsalben. Basis der automatisch generierten Videos, die der/die NutzerIn selbst weder abbestellen noch inhaltlich ändern kann, sind Gesichts- und Objekterkennungsalgorithmen. Alle Fotogalerien bzw. -alben tragen den Stempel einer zweifelhaften Einheitsästhetik. Der Schritt von der bloß automatischen Extraktion zur automatischen Generierung ist getan, wenn Layout-Templates bzw. -Elemente, Slogans und Fotos aus dem Facebook-Archiv mit eigenen Fotos verknüpft werden.

Automatisch generierte Untertitel zu Videos

Da die allermeisten Videos auf Facebook ohne Ton abgespielt werden, hat Facebook 2017 die automatische Untertitelung von Videos – zunächst nur auf Englisch – eingeführt.[22]

Automatisch generierte alt-Texte

Ein weiteres Werkzeug zur Erstellung von automatischen alt-Texten (d.h. von Alternativtexten, wenn ein Bild nicht angezeigt werden kann) ist auch bereits für die deutsche Sprache verfügbar.[23]

Welche Formen automatisch generierten Contents plant Facebook? Da Mark Zuckerberg wiederholt gesagt hat, dass dem Videostory-Format die Zukunft gehört, wird es wohl bald automatisch generierte Facebook-Videos geben, die sich aus Fotos und Videos speisen und vom Benutzer/von der Benutzerin auch editiert/verfremdet/ergänzt werden können: Content Automation trifft »Facebook Stories«[24].

3.2.2   Apple

Automatisch kuratierte Sammlungen

Die Funktion »Andenken« am iPhone habe ich bereits im zweiten Kapitel erwähnt. Automatisch kuratierte Sammlungen werden von Personen, Objek-

---

21) [MED] *https://www.zdnet.de/88273278/facebook-macht-aus-fotos-automatisch-videos*
22) [ECO] *https://allfacebook.de/video/video-subtitel*
23) [ECO] *https://www.facebook.com/help/216219865403298?helpref=faq_content*
24) [ECO] *https://allfacebook.de/pages/facebook-stories*

ten oder Urlauben angelegt. Machine-Learning-Verfahren werden für die Bilderkennung eingesetzt.[25] Wie ein Deep Neural Network für die Gesichtserkennung funktioniert, wird hier[26] beschrieben.

Blicke in Apples Machine Learning Blog[27] oder in den Videostream der weltweiten Apple-Entwicklerkonferenz 2018 zeigen, dass es bei vielen neuen Features des kommenden Betriebssystems iOS 12 um verbesserte Interaktionen mit den NutzerInnen gehen wird: Der intelligente persönliche Apple-Assistent Siri soll stets »schlauer« werden, virtuelle Realität ist zunehmend ein Thema, die Fotomediathek wird persönlicher werden und mehr Tagging- und Sharing-Optionen erhalten. Explizite Projekte zur Content-Automatisierung finden sich keine in den Ankündigungen – oder sie werden eben noch nicht öffentlich kommuniziert.

3.2.3 Microsoft

Einige der bereits bei Google und Facebook besprochenen Features gibt es auch bei Microsoft: Die Microsoft-Fotos-App bietet sowohl das automatische Erstellen von Alben »aus Gruppen von verwandten Fotos« als auch das eigene Erstellen von Fotoalben an.[28]

Und wie schon von Facebook wurde auch auf Basis der Microsoft-Technologie ein automatischer »Alternative Text (alt text)-Generator« als Word-Press-Plugin entwickelt, der mit Objekt- und Gesichtserkennungsalgorithmen von Microsoft arbeitet.[29]

Lohnend ist auch ein Blick in die Entwicklerplattform Microsoft Azure. Im Bereich »Maschinelles Sehen« werden Werkzeuge zur Bild- und Videoanalyse wie Handschriften- und Personenerkennung angeboten. Es sind allesamt aber Content-Analysetools und keine Tools zur Content-Generierung.[30]

Um Bildklassifizierung »mit neuronalen Faltungsnetzen«, Informationsermittlung und Chatbot-Kommunikation geht es im Bereich Künstliche Intelligenz/AI bei Microsoft Azure.[31] Der Fokus liegt interessanterweise auch hier auf dem Indexieren und Extrahieren von Informationen und nicht auf dem Generieren. Ein unter Mitarbeit von Microsoft Research entstandenes wis-

---

25) [ECO] *https://www.apple.com/chde/privacy/approach-to-privacy*
26) [ECO] *https://machinelearning.apple.com/2017/11/16/face-detection.html*
27) [ECO] *https://machinelearning.apple.com*
28) [ECO] *https://support.microsoft.com/de-de/help/4026222/windows-10-create-edit-share-albums-in-the-photos-app*
29) [ECO] *https://de.wordpress.org/plugins/automatic-alternative-text*
30) [ECO *https://azure.microsoft.com/de-de/services/cognitive-services/computer-vision*
31) [ECO] *https://azure.microsoft.com/de-de/overview/ai-platform*

senschaftliches Paper beschäftigt sich mit der Zusammenfassung von längeren Sätzen zu kürzeren ohne Sinnverlust mit Hilfe des »Open Information Extraction (OpenIE- oder OIE)«-Ansatzes.[32]

3.2.4 Amazon

Laut Amazon Corporate Communications Deutschland ist Amazon als (immer noch: primäres) Internet-Versandhaus nicht mit der Erstellung von Automated Content befasst.[33] Allerdings gibt es aktuell Entwicklungsteams für maschinelle Übersetzungen, mutmaßlich von Produktbeschreibungen. Die Extraktion und Organisation von Informationen ist jedoch auch für Amazon ein wichtiges Thema, vor allem bei Kundenrezensionen. Algorithmen ranken Kundenrezensionen nach Klickraten, Nützlich/Nicht-nützlich-Bewertungen und Kommentaren und heben »Top-Kundenrezensionen« hervor. Ein semantisch operierendes Tool ist bei der automatischen Verschlagwortung von Kundenrezensionen im Einsatz.

Abb. 3–8 Tags für Kundenrezensionen des Buchs »Warum es die Welt nicht gibt« von Markus Gabriel auf Amazon
Quelle: *https://www.amazon.de*

Freilich können auch alle Maßnahmen des individualisierten Produktempfehlungsmarketings von Amazon – auf der Webseite und per E-Mail – als Automated Content (dann im erweiterten Sinne) aufgefasst werden.

---

32) [SCI] Ziqiang Cao, Furu Wei, Wenjie Li, Sujian Li (2017): Faithful to the Original: Fact Aware Neural Abstractive Summarization, *https://arxiv.org/pdf/1711.04434.pdf*

33) Offenbar verwendet Amazon selbst also keine automatisch generierten Texte für Produktbeschreibungen. Das schließt jedoch nicht aus, dass Verkäufer auf Amazon solche Texte bereits verwenden.

3.2.5 Andere: Wikipedia

Ist Automated Content auch für Wikipedia ein Thema? Jan Apel vom Wiki-media-Presseteam Deutschland schreibt dazu:

> »*Bei Wikimedia gibt es keine Ambitionen, automatisiert erstellte Inhalte einzufügen. Es werden zwar Bots und andere Automaten eingesetzt, um Inhalte vorzuprüfen, die eigentliche Prüfung erfolgt aber immer durch Menschen. Beim Upload gibt es ebenfalls einige Helferleins, die beim Hinzufügen von größeren Mengen Daten z. B. in Wikidata unterstützend wirken. Das Prinzip ist aber wie oben beschrieben.*«[34]

Freilich wird auch Wikipedia nicht ausschließen können, dass sich in ihr bereits (semi-)automatisch generierte Texte, Bilder oder Videos befinden. Wie mit diesen umzugehen ist (Kennzeichnungspflicht, Quellentransparenz in Bezug auf die extrahierten Informationen, eigene Verfahren der Qualitätsprüfung), wird in Zukunft wohl ein nicht unbedeutendes Thema sein – freilich nicht nur für Wikipedia.

---

34) E-Mail-Interview vom 04.06.2018

4 »Automatische Textgenerierung für alle«: Der templatebasierte Ansatz von Retresco

Google, Facebook & Co. – es war nicht gerade leicht, den »Big Five« Verwertbares herauszulocken. Was für ein Kontrast zur Transparenz von Retresco, der führenden Company für automatisch generierte Texte in Deutschland.

Das alte Industrie-Loft in Berlin strahlt unwiderstehlichen Charme aus: Im lichtdurchfluteten, rundum modernisierten Großraumbüro mit den hohen Decken und den großen Fenstern sitzen knapp 60 MitarbeiterInnen. Eng nebeneinander wie in einem Callcenter, aber ohne jegliche Abtrennungen scheint man auch einrichtungstechnisch mitteilen zu wollen: Wir ziehen an einem Strang. So cool die Arbeitsatmosphäre und das Gebäude, so hip auch das Viertel vor der Haustür: Die Retresco GmbH hat ihren Sitz in Berlin-Friedrichshain, dem »alternativ« angehauchten Szene-Stadtteil des ehemaligen Ostberlin. Viele andere deutsche Software-Pioniere sind dort, sofatutor etwa findet sich nur wenige Meter weiter. Deutschlands Pionier in Sachen Textklassifikation und -generierung erfüllt auf den ersten Blick also fast alle Klischees eines Start-ups, ist aber eigentlich gar keines …!

Ich bin zum Interview mit Geschäftsführer und Unternehmensgründer Alexander Siebert verabredet, einem sympathisch unaufgeregten, fast vollbärtigen Computerlinguisten. Ich bin mit dem Anspruch gekommen, endlich durchschauen zu wollen, wie automatische Textgenerierung funktioniert, was im Backend, im Code zu sehen und für mich als Nicht-Informatiker und Medienwissenschaftler zu begreifen ist. Ich kam, um endlich die Spreu vom Weizen trennen zu können: den bloßen Marketing-Gag, das bloße Versprechen auf einer Webseite von dem, was eine Software wirklich kann. Auf der Webseite eines kleineren deutschen Mitbewerbers las ich ja bekanntlich: Nur Deep-Learning-Lösungen seien solide, bloße Template-Verfahren hingegen trivial. Ein weiterer bundesdeutscher Mitbewerber behauptet indes online das glatte Gegenteil: Template-Verfahren seien der Branchenstandard, Deep-Learning-Verfahren mit künstlichen neuronalen Netzen seien noch im Experimentalstadium. – Herr Siebert, was stimmt denn nun?

Zunächst: Sein Unternehmen sei »fernab des AI-Hypes« am Markt sehr erfolgreich, sagt Siebert. Nur Retresco habe in seiner Branche in Deutschland Top-Kunden wie den Spiegel, die FAZ, die Süddeutsche Zeitung, das ZDF, die Financial Times oder immobilienscout24.de vorzuweisen. Diese hätten sich für Retresco entschieden, weil hier an skalierbaren und realistisch umsetzbaren Lösungen gearbeitet wird. Im Bereich der Textgenerierung sind diese in der Tat vor allem *templatebasiert* und damit *nicht sprachagnostisch*[1]. Allein für Fußballberichte habe Retresco »3.000 bis 4.000 Templates« im Einsatz. Das ist eine enorme Zahl, die sich hinter beziehungsweise in den Programmcodes verbirgt.

Alexander Siebert unterscheidet zwischen drei grundsätzlichen Herangehensweisen zur automatischen Textgenerierung:

1. Templatebasierte Verfahren
2. Machine-Learning-Verfahren
3. Deep-NLG-Verfahren

Das Problem mit Machine-Learning-Verfahren sei gegenwärtig, dass diese immer nur für eine sehr spezielle Aufgabe erfolgversprechend und »sehr abhängig von Daten zum Lernen« sind. »Die Fehleranfälligkeit ist schlichtweg noch zu hoch, die Entscheidungen der Maschine sind noch zu oft nicht nachvollziehbar«, sagt Siebert. Ähnliches hat übrigens sogar Google Brain (siehe Kap. 3) für seinen Versuch attestiert, aus vorhandenen Texten »neue« Wikipedia-Einträge automatisch zu verfassen.

Siebert dämpft zu hohe gegenwärtige Erwartungen in AI: »Schwache künstliche Intelligenz gibt es. Starke künstliche Intelligenz wird wohl erst in den nächsten Dekaden kommen«, so seine Prognose.

Retresco ist eigentlich kein klassisches Start-up. Das Unternehmen gibt es bereits seit 2008. Aber erst seit vier Jahren bietet man unter dem Slogan »Automatische Textgenerierung für alle« eine eigene Textengine an.[2] »Wir haben das Geschäftsmodell umgedreht: Vom Natural Language Understanding (NLU), das wir seit zehn Jahren betreiben, zur Natural Language Generation (NLG).« Wichtig sei, dass das Unternehmen nun Kompetenzen in beiden Bereichen des Natural Language Processing (NLP) habe, »um auf diese Weise Kommunikation zur Gänze zu automatisieren«, sagt der Retresco-Geschäftsführer.

---

1) *Sprachagnostische* Lösungen sind jene, die nicht in einer speziellen Ausgangssprache denken, weil sie etwa sogar einzelne Wörter in Bestandteile zerlegen, um Wahrscheinlichkeiten zu berechnen. Template-Lösungen sind demnach *nicht sprachagnostisch*, weil sie nur in der jeweils gewählten Sprache »denken« können.

2) [ECO] *https://www.textengine.io/de*

Retrescos Template-Lösungen muss man sich so vorstellen: Templates für Webseiten, für Social Cards, Social Clips u. a., also Templates im grafischen und multimedialen Bereich sind längst üblich und Industriestandard – und sie beinhalten auch (mehr oder weniger) Freiheitsgrade. Warum also nicht auch *Templates für Texte?* Retresco nennt diese auch *Messages* oder *Schablonen*. Nur 100 bis 200 Millisekunden dauert etwa die Generierung eines fehlerfreien Berichts über ein Fußballspiel. Davon kann man sich online kostenlos überzeugen.

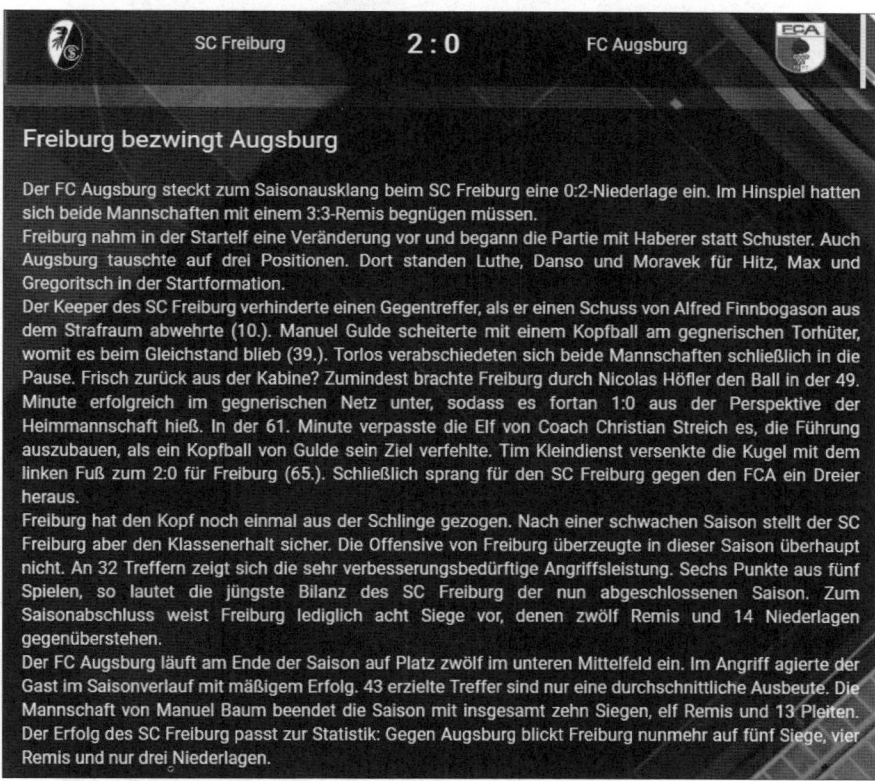

Abb. 4–1 Beispiel eines von der Retresco-Textengine generierten Textes über ein Fußballspiel
Quelle: *https://www.retresco.de/textgenerierung*,
Begegnungsauswahl: SC Freiburg : SC Augsburg

Man staunt: Die Sätze sind fehlerlos. Ein Satz wie »Freiburg hat den Kopf noch einmal aus der Schlinge gezogen.« ist dann eben nicht Ausgeburt einer interpretatorischen künstlichen Intelligenz. Der Satz stammt aus einem Template. Die Kunst von Retresco ist, den richtigen Satz auf vorliegende

Daten anzuwenden. Die Daten wiederum kommen unter anderem vom Sportdaten-Provider *deltatre*. Doch woher weiß die Retresco-Textengine, wie sie eingespeiste Daten den richtigen Satzsegmenten zuordnen soll? Alexander Siebert spricht von »Business Intelligence«. Dieser Programmteil berechnet aus Rohdaten sinnvolle Aussagen und Informationen, indem er die Frage beantwortet: Worüber muss berichtet werden?

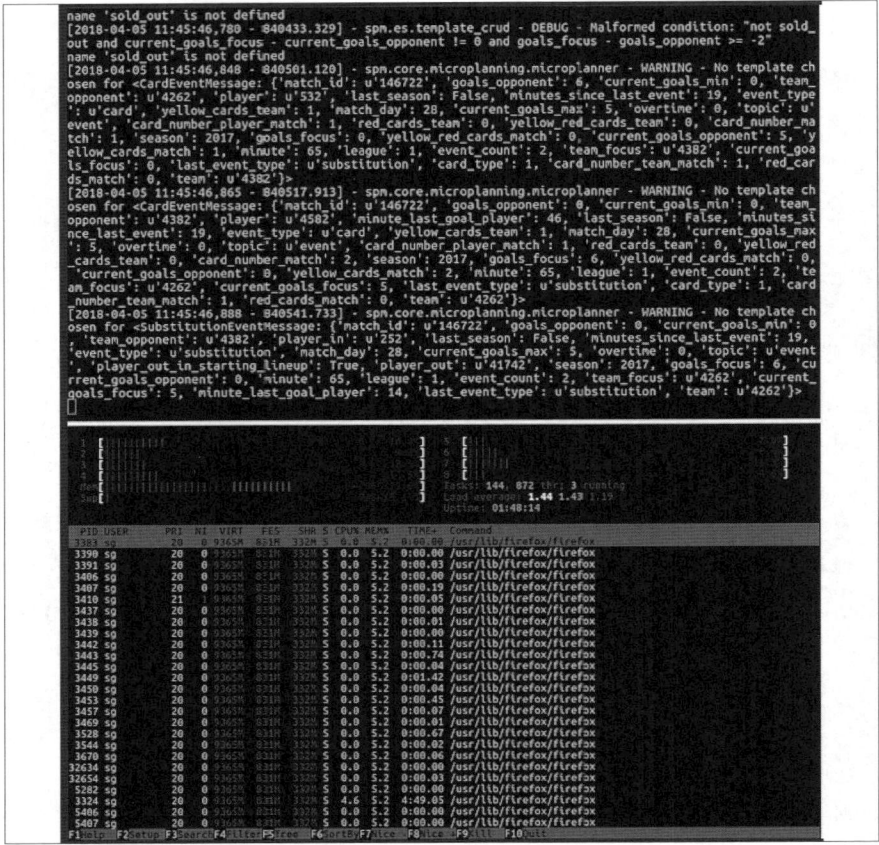

Abb. 4–2   Die Retresco-Textengine bei der Arbeit
Quelle: Vom Unternehmen erhaltener Screenshot, 2018

Eine kurze Erklärung der Bilder: Oben in Abbildung 4–2 ist das Template mit zahlreichen Platzhaltern wie »match_day«, »player«, »season« oder »yellow_ cards_match« zu sehen. Darunter werden die Daten eingespeist und dann den Platzhaltern zugeordnet. Die »Magie« besteht in der Verwandlung von Daten und Template-Versatzstücken zu einem fehlerfreien Text (Abbildung 4–3), der von einem von Menschenhand geschriebenen Text im Idealfall nicht zu unterscheiden ist (siehe dazu auch die Untersuchungen, die im nächsten Kapitel vorgestellt werden).

```
sg@liwet:/data/git/spm (private/es-1-dev)$ bin/generate-examples --ttype report --pub-id 585892
--league 1 --season 2017 --matches 146722
--league 1 --pub_id 585892 --matches 146722 --season 2017 --annotation_syntax xml --add store=f
alse --host http://localhost:53312 --ttype report --path var/gen/ --es localhost:9200
_____ user-defined _____

146722
Dortmund bricht bei FC Bayern ein

Bundesliga: FC Bayern München - Borussia Dortmund, 6:0 (5:0)

Ein einseitiges Torfestival lieferten sich der FC Bayern München und Borussia Dortmund mit dem
Endstand von 6:0. Der FC Bayern ließ keine Zweifel an der Ausgangslage aufkommen und feierte ge
gen Dortmund einen klaren Erfolg. Das Hinspiel beim BVB hatte der FCB schlussendlich mit 3:1 fü
r sich entschieden.

Der FC Bayern München nahm in der Startelf sechs Veränderungen vor und begann die Partie mit Ro
bben, Boateng, Martínez, Lewandowski, Rafinha und Ribéry statt Rudy, Kimmich, Vidal, Wagner, Sü
le und Bernat. Auch Borussia Dortmund tauschte auf einer Position. Sokratis stand für Toprak in
der Startformation.

Robert Lewandowski traf zum 1:0 zugunsten des FC Bayern (5.). James Rodríguez war nach Vorlage
von David Alaba dafür verantwortlich, dass der Gastgeber zum zweiten Mal im Match jubelte (14.)
. Der BVB wurde deutlich abgehängt, als Thomas Müller nach Vorarbeit von Rodríguez auf 3:0 für
den FC Bayern München erhöhte (23.). Nach nur 29 Minuten verließ Gonzalo Castro von Borussia Do
rtmund das Feld, Julian Weigl kam in die Partie. Kurz vor dem Halbzeitpfiff (44.) baute Lewando
wski die Führung des FCB aus. Den Vorsprung der Elf von Josef Heynckes ließ Franck Ribéry in de
r 46. Minute anwachsen. Den tonangebende Stil des Tabellenprimus spiegelte sich in einer klaren
Pausenführung wider. Nach der erfolgreichen ersten Hälfte schickte der Rekordmeister mit Joshu
a Kimmich einen frischen Spieler für Alaba auf das Feld. Dortmund musste weiterhin auf den erho
fften Ehrentreffer warten, als ein Schuss auf das gegnerische Tor von Mario Götze scheiterte (6
7.). Der FC Bayern München blieb am Drücker und erspielte sich durch Ribéry, Robben und Hummels
weitere Einschussmöglichkeiten. Lewandowski besorgte in der Schlussphase schließlich den sechs
ten Treffer für den FC Bayern (87.). Am Schluss schlug der FCB den BVB vor eigenem Publikum und
rief dabei eine souveräne Leistung ab.

Mit nur 20 Gegentoren stellt der FC Bayern München die sicherste Abwehr der Liga. Mit dem Sieg
baut der FC Bayern die erfolgreiche Saisonbilanz aus. Bislang holte der FCB 22 Siege, drei Remi
s und kassierte erst drei Niederlagen.

Trotz der Niederlage bleibt Borussia Dortmund auf Platz drei. Dortmund baute die Mini-Serie von
zwei Siegen nicht aus. Auswärtsspiele beim FC Bayern München gehören nicht zu den Lieblingsauf
gaben des BVB – das hat die heutige Niederlage erneut gezeigt. Borussia Dortmund kassierte nun
schon 30 Niederlagen bei zehn Remis und nur neun Siegen. Der FC Bayern tritt kommenden Samstag
um 15:30 Uhr beim FC Augsburg an. Einen Tag später empfängt Dortmund den VfB Stuttgart.

Generated 1 texts in 1.62 secs. Average: 0.62 texts per sec.
sg@liwet:/data/git/spm (private/es-1-dev)$ bin/generate-examples --ttype report --pub-id 585892
--league 1 --season 2017 --matches 146722
--league 1 --pub_id 585892 --matches 146722 --season 2017 --annotation_syntax xml --add store=f
alse --host http://localhost:53312 --ttype report --path var/gen/ --es localhost:9200
_____ user-defined _____

146722
```

Abb. 4–3 … und das fertige Produkt
Quelle: Vom Unternehmen erhaltener Screenshot, 2018

Retresco bietet nicht nur eine *Textengine* an. Eine weitere Lösung beschäftigt sich mit der *Klassifikation von Texten:* Das System kann eigenständig Wörter bzw. Wortketten beschlagworten und entsprechenden Kategorien zuordnen (etwa »Personen«, »Organisationen«, »Geos« usw.). Es erinnert an Inhaltsanalyse-Software aus den Sozialwissenschaften – nur eben mit dem Vorzug der bereits komplett automatischen Erkennung. Drittens gibt es eine *Self-Service-Plattform*, die besonders für E-Commerce- und Agenturkunden interessant ist, weil man hier auch selbst die Textgenerierungs-Parameter konfigurieren kann. Und auch für automatische Themen-Management-Lösungen und automatische Kundenkommunikation via Chatbots ist Retresco ausgewiesen.

Welche Use Cases, welches Marktpotenzial sieht Retresco-Chef Siebert in Zukunft? Ich frage ihn, ob SchülerInnen, Studierende und angehende AutorInnen nicht potente neue Zielgruppen für automatische Textgenerierung, also das Bildungssystem, die Kunst und die Wissenschaft nicht große Märkte wären? Er verneint das glatt und sieht hingegen folgende Märkte: eCommerce, Finance, Healthcare und »LegalTech«[3]. »*Das* sind alles riesige Märkte. Hier können Texte massenhaft automatisiert werden.« Restaurant- und Hotelbeschreibungen, Arztbriefe oder z.B. ärztliche Berichte von Kuraufenthalten, juristische Bescheide – in Zukunft müssen das alles vielleicht nicht mehr Menschen schreiben.

Auch Content Syndication bzw. Article/Text Spinning, also das Produzieren unterschiedlicher Textversionen für unterschiedliche Kanäle (etwa: Presseaussendung in Print, News Item online, Facebook-Posting, Tweet usw. – idealerweise auch gleich mit @-Zitierungen und #-Hashtags) wird von vielen als mögliches Feld der Content-Automatisierung betrachtet. Aber auch hier winkt Siebert ab: Bis auf weiteres mache dies der Mensch besser. Zu unterschiedlich seien etwa die Tonalitäten bei Facebook (z.B. Anrede oft mit Du) und bei einer »offiziellen« Presseaussendung an FachjournalistInnen.

Alexander Siebert nennt schließlich als aktuelle Erfolgsgeschichte immobilienscout24.de: Viele VermieterInnen hätten Schwierigkeiten, selbst Kurzbeschreibungen der von ihnen angebotenen Wohnungen zu verfassen. Die Retresco-Textengine bastelt nun aus den vom Anbieter eingegebenen Wohnungsmerkmalen eine eigenständige Kurzbeschreibung: Ein überzeugendes Beispiel für einen sinnvollen Einsatz automatischer Textgenerierung.

---

3)   »LegalTech« ist ein Sammelbegriff für das junge Geschäftsfeld der Automatisierung juristischer Arbeitsprozesse. Diese kann so weit gehen, dass Chatbots zunehmend komplett die Dienste von Anwälten übernehmen. Zu LegalTech gehören auch Webangebote wie [ECO] *https://www.geblitzt.de.* [ECO] *https://www.flugrecht.de* oder [ECO] *https://www. helpcheck.de.* Siehe ausführlicher [MED] *https://www.haufe.de/recht/kanzleimanagement/ legal-tech-steht-der-anwalts-roboter-schon-vor-der-tuer_222_445476.html* und im Speziellen zu juristischen Chatbots [MED] *https://www.lto.de/recht/legal-tech/l/legal-tech-chatbots-juristische-beratung-online.* – Das Spektrum reicht derzeit bereits von der automatisierten Vertragsanalyse (z.B. [ECO] *http://www.lawbot.co*) bis zum Versprechen der Rückerstattung eingezahlter Prämien bei fehlerhaften Verträgen (z.B. wie erwähnt [ECO] *https://www.helpcheck.de*). An einen intelligenten Recherchier- und Text-Bot, der die passenden Präzedenzfälle zu einem neuen Anlassfall aus juristischen Datenbanken automatisch extrahiert und diese – freilich richtig zitiert – in ein Narrativ bringt, wäre zu denken: Der erste Schritt zur Automatisierung der Herstellung von juristischen Schriftsätzen – einer bislang nur menschlichen Anwälten vorbehaltenen Tätigkeit.

5 Roboterjournalismus: Tod oder Zukunft einer Branche?

»Technological advances of the year 2017 might appear to stem right out of a science fiction movie [...]. This progress continues unabated but also taps into the field of journalism – computer algorithms are the new employees of various media organizations, autonomously producing journalistic stories.«[1]

»Using a little bit of artificial intelligence, a computer program has been created that mimics the thought process [...].« So beschreibt der Wissenschaftler Philip M. Parker seine »Automated Content Creation«-Software, die laut seinen Aussagen bereits eine Million Bücher automatisch und ohne jede menschliche Hilfe generiert hat.[2] Doch was heißt das genau: »Using a little bit of artificial intelligence«? Wie viel künstliche Intelligenz ist etwa drinnen, wenn es um aktuelle Formen des »Roboterjournalismus« geht (so die derzeit übliche deutschsprachige Bezeichnung für »automated journalism« oder »algorithmic journalism«)? Ich möchte in diesem Kapitel des Buchs erneut versuchen, hinter die Kulissen, ins Backend, in den Code zu blicken: Ich will wissen, wie sich künstliche neuronale Netze konkret im Code manifestieren[3],

---

1) [SCI] Anja Wölker, Thomas E. Powell (2018): Algorithms in the newsroom? News readers' perceived credibility and selection of automated journalism, *http://journals. sagepub.com/doi/full/10.1177/1464884918757072*, in: Journalist, 1, S. 1–18

2) [MED] *https://www.youtube.com/watch?v=SkS5PkHQphY.* Hier ab Minute 00:58. – Siehe auch Kapitel 1 Fußnote 1 in diesem Buch

3) Die Begrifflichkeit ist ja durchaus missverständlich. Wohl nicht wenige Laien glauben, hier würde ein Techniker ein menschliches Gehirn mit Schaltungen nachbauen. Thomas Ramge bemerkt dazu: Bei künstlichen neuronalen Netzen und Deep Learning »wird das menschliche Gehirn mit seinen Nervenbahnen nicht mit elektronischen Leiterbahnen nachgebaut, wie oft fälschlich angenommen. Sie sind vielmehr ein statistisches Verfahren, bei denen Computersysteme Nervenzellen mit so genannten Knoten simulieren, die in vielen Schichten hinter- oder übereinander angeordnet werden.« [SCI] Thomas Ramge (2018): Mensch und Maschine. Wie Künstliche Intelligenz und Roboter unser Leben verändern, Ditzingen: Reclam, S. 46

ich will wissen, wo sich Sprache im Code befindet, ob ein Thesaurus verwendet wird oder nicht, und zugespitzt: Kann der journalistische Roboter tatsächlich selbst schreiben, oder rekombiniert er nur bereits von Menschenhand Verfasstes in immer neuen Varianten?

5.1 Wo ist die (künstliche) Intelligenz im automatisierten Journalismus?

Wir schreiben das Jahr 2018. Deutschland ist aus der Fußball-Weltmeisterschaft ausgeschieden. Über das entscheidende Spiel gegen Südkorea schrieben die »Salzburger Nachrichten«: »Das deutsche Spiel plätscherte langsamer dahin, als die Wolga am Stadion vorbeifloss.«[4] Könnte ein Schreibroboter diesen Satz schreiben? Wenn derzeit nicht, würde er ihn jemals schreiben können?

Die triviale Antwort ist zunächst: Wenn dieser Satz ein Template in einer Software ist, dann kann er auch von dieser verwendet werden. Der Satz entstammt einer (übrigens in den »Salzburger Nachrichten« nicht als solche gekennzeichneten) Agenturmeldung. Wer ihn googelt, der erhält 277 Treffer, unter anderem in Der »Zeit« und im »Stern«. Der gesamte Fußballbericht ist mit sehr großer Wahrscheinlichkeit von einem Menschen geschrieben worden.

Der Ansatz im Roboterjournalismus ist es nun, die gerade durch das Internet und digitale Nachrichtenmanager so simpel wie nie zuvor verfügbare Masse an Spielberichten herzunehmen, diese in Versatzstücke zu parzellieren und mit diesen neue Spielberichte zu bauen. Man könnte auch sagen: Der dahinterliegende sprachphilosophische Ansatz ist der, dass Sprache endlich ist, dass es nur eine endliche Anzahl an sinnvollen Formulierungen gibt, um einen Sachverhalt auszudrücken. Und so könnte der zitierte Satz in einem computergenerierten Artikel eines Tages wiederauftauchen: »Das Spiel der Salzburger plätscherte langsamer dahin, als die Salzach am Stadion vorbeifloss.« Er wäre dann nicht einmal ein Plagiat.

Die einen mögen hier das Ende der schöpferischen Originalität und Qualität, der Einbildungskraft des Menschen beklagen. Diese Kritiker glauben an die Möglichkeit von menschlicher Kreativität und genuinem Neuem und sehen nicht in allem nur eine Rekombination aus Bisherigem. Die anderen verweisen auf den digitalen Informationsüberfluss und halten gerade das automatisierte Rekombinieren von bereits vorhandenen Versatzstücken für

---

4) [MED] *https://www.sn.at/sport/fussball/international/weltmeister-scheitert-klaeglich-deutschland-gruppenletzter-29741272*

die Zukunftstechnologie: Das ist unter anderem die Position des bereits zitierten Provokateurs Kenneth Goldsmith.

Im templatebasierten Ansatz des Roboterjournalismus werden Daten (wie etwa Personenangaben, Zeitangaben, Spielereignisse) in bereits vorgefertigte Satz-Templates eingefriedet. Eine Anweisung an den Computer sieht etwa so aus:

Wetterdaten				Template:
Ort	Temperatur	Niederschlag	Wind	(Ort, prep=in) (liegt die Höchsttemperatur heute bei, steigt das Thermometer bis auf, erreichen die Temperaturen bis zu, random) (Temperatur) Celsius.
Stuttgart	20	N	schwach	
Hamburg	20	N	stark	(Bei starkem Wind, on wind_stark) liegt die Höchsttemperatur (Ort, prep=in) bei (Temperatur) Celsius.
Köln	22	N	schwach	
Berlin	25	N	schwach	

Ergebnis

In Stuttgart erreichen die Temperaturen 20° Celsius.
Bei starkem Wind liegt die Höchsttemperatur heute Hamburg bei 20° Celsius.

Abb. 5–1   Beispiel eines Templates für eine automatisch generierte Wettervorhersage
Quelle: [MED] *https://medialab.apa.at/wenn-algorithmen-schreiben-lernen,* 2017

Solche templatebasierten Verfahren sind nicht wirklich revolutionär. Es gab sie, siehe weiter unten, bereits im Jahr 1970. Wie der Befehl »random« in Abbildung 5–1 anzeigt, werden verschiedene Formulierungen angeboten, um ein und denselben Sachverhalt auszudrücken. Der Zufallsgenerator soll also verhindern, dass sich solche Wetterberichte wie wechselseitige Abschreibübungen lesen. Templatebasierte Verfahren sind vor allem bei sehr präzise verfügbaren Daten und einer Fülle von zu produzierenden Texten, die allesamt ähnliche Narrative aufweisen, sinnvoll. Oft wird es also um so genannte »*Hyperlokalität*« gehen: Fußballspiele, Wetterprognosen oder Auswertungen von Umwelt-Daten (etwa seismografische Daten). Auch bei Produktbeschreibungen in Produktfamilien, deren Einzelprodukte jeweils nur geringe Unterschiede aufweisen, werden templatebasierte Verfahren effizient sein. Man kann sie, siehe Retresco, mit künstlicher Intelligenz kombinieren, indem man etwa die Daten, die dann transformiert werden sollen, mittels Big-Data-Analysen erst generieren lässt.

Das medialab der Austria Presse Agentur (APA) experimentiert seit 2017 ebenfalls mit »Roboterjournalismus«. Ich bin zu Besuch bei Katharina Schell, sie ist Mitglied der Chefredaktion der APA in Wien und Verantwortliche für »Redaktionelle Innovation«. Der Stammsitz der APA im sechsten Wiener Bezirk besticht durch das eigens für die APA so gebaute, wahrlich unüberschaubar große Großraumbüro. In einem abgetrennten Eck der Großraumetage befindet sich das medialab: Hier herrscht ein wenig Google-Atmosphäre. Die Flipcharts sind vollgekritzelt mit Ideen, es geht um einen personalisierbaren APA-Online-Manager, es geht um neue Apps, neue Geschäftsmodelle, neue Märkte. »Wir machen Design Sprints – wie es Google macht«, sagt Katharina Schell.[5] Und ein Gegenstand eines solchen Design Sprints war 2017 die Erfindung des Schreibroboters EGON, der in der Softwareentwicklungs-Plattform Node.js programmiert wurde und derzeit nur als Prototyp in-house existiert.[6] Hierbei handelt es sich um rein templatebasierten Roboterjournalismus. Ein zweiter, »quasi erfolgreich gescheiterter« (Schell) Versuch war ein Schreibroboter, der den templatebasierten Ansatz um künstliche neuronale Netze ergänzt.

Abb. 5–2 Was der APA-Schreibroboter EGON (interner Prototyp) alles können soll
Quelle: [MED] *https://medialab.apa.at/wenn-algorithmen-schreiben-lernen*, 2017

---

5) Siehe dazu auch [MED] *https://t3n.de/news/google-product-design-sprints-557076*
6) Siehe [ECO] *https://medialab.apa.at/egon-der-fussballroboter* und zum Testen [ECO] *https://prototypes.apa.at/egon*. Der Test ist allerdings statisch, es werden nicht von ein und demselben Spiel immer neue Spielberichte generiert, wie dies etwa der Test von Retresco demonstrieren kann.

Wie Abbildung 5–2 zeigt, sollte der Prototyp eines Schreibroboters fast universell einsetzbar sein: für textbasierte Spielberichte, Tabellen, Grafiken und vor allem auch für Content-Bausteine für die sozialen Medien Facebook und Twitter. Spielberichte, Tabellen und Visualisierungen kann EGON schon, Facebook-Postings und Tweets kann er noch nicht. Katharina Schell dämpft auch allzu große Erwartungen in den templatebasierten Roboterjournalismus: »Texten ja, Geschichten erzählen nein. Bei vielen Storys würde ein automatisch generierter Text mit Qualitätseinbußen verbunden sein. Diese werden auch in absehbarer Zeit noch von Menschen geschrieben werden.« Ein Bundesliga-Spiel beschreibt auch weiter ein menschlicher Sportreporter. Ein Regionalligaspiel, über das ansonsten gar nicht berichtet worden wäre, kann jedoch vom Schreibroboter verfasst werden. Es geht auch hier um »Hyperlokalität«, um den »Long Tail«, also um kleine bis winzige Marktnischen.

```js
                                    template.js — sprint-egon
JS template.js  ×     () data.json


      export function generate(raw) {
        "use strict";

        // TEXT GENERATION

        let data = prepass(raw);
        let sentences = [];

        // TITLE

        // BODY
        if (data.loser.streak.noWin > 5) {
          sentences.push(
            `${data.loser.team} läuft weiter einem Erfolgserlebnis hinterher.`
          );
          sentences.push(
            `${data.loser.nickname} sind nach einem ${data.loser.score}:${
            data.winner.score
            } (${data.halftime}) am ${data.gameDOW} gegen ${data.winner.team}
            bereits seit ${numberToText(data.loser.streak.noWin +
            1)} Spielen sieglos.`
          );
        }

        if (data.winner.score === 1) {
          if (data.winner.streak.win <= 1) {
            if (data.loser.streak.noWin <= 5) {
              let halftime = data.halftime;
              if (data.winner.team === data.away.team) {
                let s = halftime.split(":");
                halftime = `${s[1]}:${s[0]}`;
              }
              sentences.push(
                `Ein einziger Treffer hat gereicht: ${data.winner.team} besiegte ${
                data.loser.team
                } am ${data.gameDOW} ${data.location} mit ${data.winner.score}:${
```

Abb. 5–3 Templatebasierter Ansatz für EGON der APA, Einblick in Node.js
Quelle: APA-medialab, 2018

Spektakulärer fällt der zweite Versuch der APA aus, automatisch generierte Texte auch mit Hilfe künstlicher neuronaler Netze zu erzeugen. Clemens Prerovsky, der Chief Digital Officer der APA und Leiter des medialabs, schreibt dazu:

» Das neuronale Netzwerk wurde in TypeScript/Node.js entwickelt und basiert auf Neataptic[7]. Nach der Zerlegung der Texte in Einzelsätze bzw. Worte (Bag of Words – wir haben unterschiedliche Ansätze versucht) wird das neuronale Netzwerk darauf trainiert, eine Verknüpfung zwischen den in den Artikeln benutzen Sätzen und den Spieldaten abzubilden. Die Kernidee ist, ganze Sätze wiederzuverwenden und Schlüsselelemente wie Teamnamen, Spielernamen, Zwischenstände etc. durch Platzhalter zu ersetzen. Diese Platzhalter werden dann dynamisch mit den jeweiligen Informationen des Spielberichts befüllt. Das neuronale Netzwerk sucht also aus einer großen Menge einen passenden ersten Satz, dann einen zweiten etc. In einem Bag of Words-Ansatz würde das Netzwerk tatsächlich selber texten. Diesen haben wir aber nur ‚angeschnitten‘ und nie zu Ende geführt, weil auch die Kontrolle über das generierte Endresultat deutlich geringer ausfällt. «[8]

Die Stärke künstlicher neuronaler Netze liegt in ihrer Fähigkeit, selbst die passenden Formulierungen erlernen zu können. Dabei können sie beispielsweise Sätze auf Template-, Wort oder Buchstabenbasis bilden. Zwar ist ihr Verhalten deterministisch, doch ist die Nachvollziehbarkeit nur bedingt gegeben, da in einigen Fällen sogar Millionen von Einzelknoten in eine Entscheidung eingebunden sein können. Die APA hat sich im zweiten Ansatz für ein künstliches neuronales Netz entschieden, welches mit Templates arbeitet (siehe Abbildung 5–4).

---

7) [ECO] *https://github.com/wagenaartje/neataptic*
8) E-Mail-Interview vom 22.06.2018

nn.ts — own-goal

```
TS data.ts        TS compress.ts      TS nn.ts      ×    {} withTeams.json      TS index.ts

49   // setup nn
50   const INPUT_LAYER_NODES =
51     1 + // score winner
52     1 + // score loser
53     10 + // winner goal nodes - minute for each goal
54     10; // loser goal nodes
55   const NN = new neataptic.Network(INPUT_LAYER_NODES, uniqueFirstLines.length);
56   // NN.nodes.map((n) => n.squash = neataptic["methods"]["activation"]["STEP"]);
57   console.log("network initialized");
58
59   // train
60   const trainingSet = createTrainingSet(games, firstLinesIndex, uniqueFirstLines.length);
61   console.log("created training set\n");
62   let learningError: number[] = [];
63
64   NN.train(trainingSet, {
65     error: 0.003,
66     iterations: 10000,
67     rate: 0.7,
68     schedule: {
69       function: (data: any) => {
70         learningError.push(data.error);
71       },
72       iterations: 100
73     },
74     log: 1000
75   });
76
77   console.log("training completed");
78
79   // predict
80   trainingSet.map((v, i) => predict(NN, v, i, uniqueFirstLines, firstLinesIndex));
81
82   console.log("learning error rate\n", "[" + learningError.join(" ") + "]");
83   }
84
85   function predict(nn: Network, data: TrainingData, i: number, uniqueFirstLines: string[], firstLinesIndex: number
```

Abb. 5–4 Auf neuronalen Netzen basierender Ansatz eines Schreibroboters der APA
Quelle: APA-medialab, 2018

Der Ansatz befindet sich bei der APA derzeit noch im Experimentierstadium. Medienexpertin Katharina Schell resümiert: »Die Automatisierung ersetzt 2018 jedenfalls noch nicht den Menschen.« Vielmehr gehe es darum, automatisierte Texte in jenen Nischen anzubieten, in denen sonst gar niemand einen Text geschrieben hätte. Und das scheint ja für die Medienwelt erstmal eine Bereicherung zu sein.

Ein richtiges »KI-gestütztes Tool« zur automatischen Erstellung von Texten hat das Stuttgarter Unternehmen AX Semantics (zuvor aexea) entwickelt. Ich lerne die so genannte »AX NLG Cloud« (AX Natural Language Generation Cloud) im Rahmen einer Screensharing-Session kennen. Was ich hier nun sehe, sprengt die Komplexität der bisherigen templatebasierten Ansätze bei Weitem: Hier ist eine Software am Werk, die tatsächlich Texte selbst annotiert, Wörter kategorisiert und dann Relationen zwischen Wörtern herstellen kann. Wie dies im Detail funktioniert, verrät das Unternehmen freilich nicht.

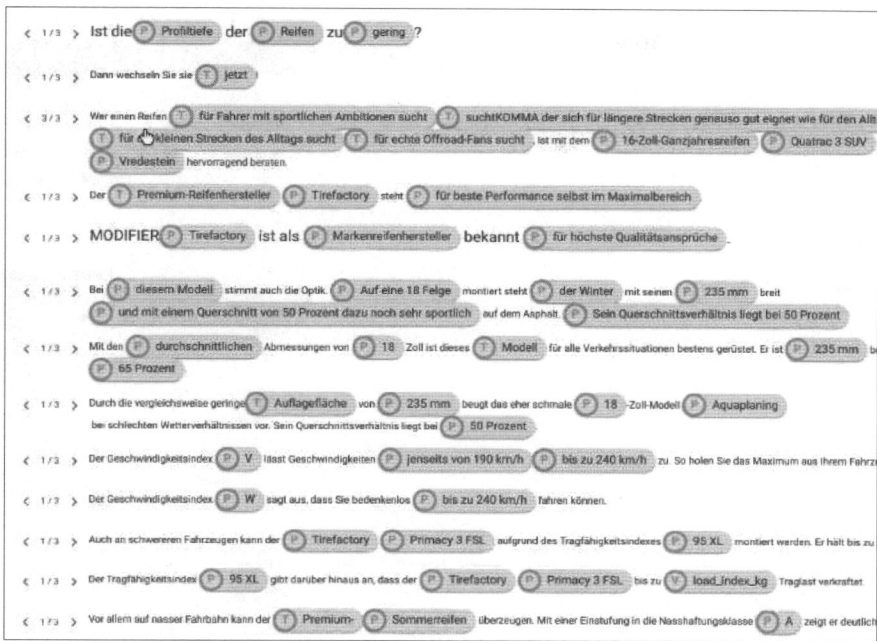

Abb. 5–5 Automatische Annotation eines Referenztextes mit AX Semantics
Quelle: AX Semantics, 2018

»Vieles von dem, was die Maschine macht, macht sie sprachagnostisch. Dennoch versteht sie derzeit 29 Zielsprachen und operiert auch auf der semantischen Ebene«, erklärt Frank Feulner, Chief Visionary Officer von AX Semantics. 200 Millisekunden braucht die intelligente Texterzeugungssoftware für einen fertigen Text, wenn das »deterministische Regelwerk« einmal »aus einem Datensatz und einem Textbeispiel abgeleitet wurde«. Die Funktionsweise der »AX NLG Cloud« ist für den Nicht-Informatiker nicht leicht vermittelbar, dennoch verspricht das Unternehmen eine effiziente Einschulung über das hauseigene E-Learning-Programm und ein eigenes Expertensystem in nur zwei Tagen.

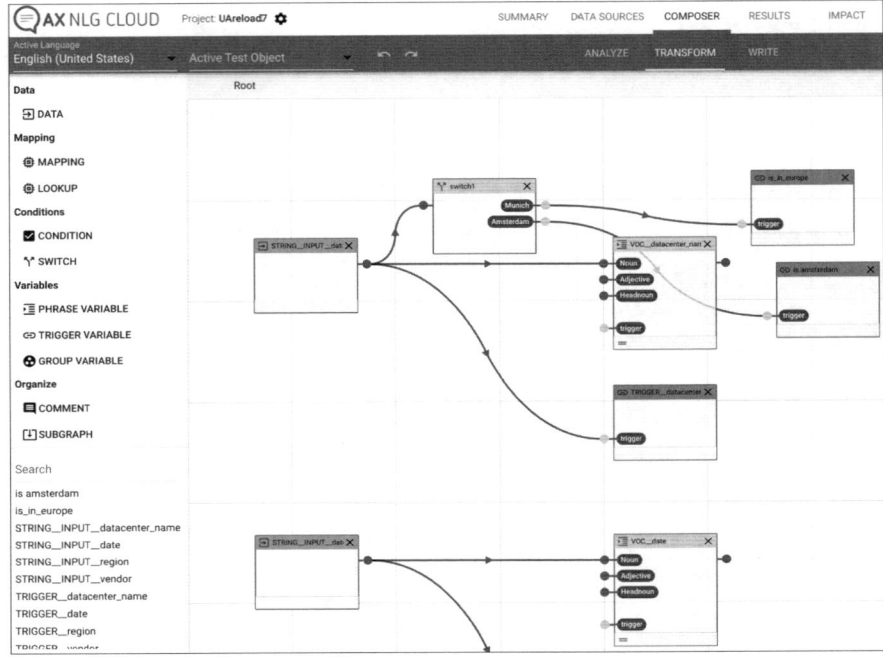

Abb. 5–6   Textkomposition mit AX Semantics
Quelle: AX Semantics, 2018

Auch AX Semantics erlaubt binnen Millisekunden die Produktion von Wettervorhersagen, Unwetterwarnungen, Aktien-Newsmeldungen, Börsenberichten und Fußballspielberichten – die derzeit »klassischen« Anwendungen von Roboterjournalismus also. Es können jedoch auch solche Texte »komponiert« werden:

Economist sieht Clinton in neuer Umfrage knapp vor Trump

Die Resultate einer aktuellen nationalen Umfrage, durchgeführt von Economist, wurden publiziert. Darin wurden die Teilnehmer gefragt, ob sie ihre Stimme Donald Trump oder Hillary Clinton geben werden.

Für die Demokratin Hillary Clinton würden 49,0% der Befragten stimmen, der Unternehmer Donald Trump würde von 45,0% gewählt werden.

Die Umfrage wurde vom 04.11. bis 07.11. unter 3669 Teilnehmern durchgeführt. Der angegebene Stichprobenfehler liegt bei +/-1,7 Prozentpunkten. Damit ist der Abstand zwischen beiden Kandidaten signifikant.

Ergebnisse der Umfrage im Kontext

Ergebnisse einzelner Umfragen sind generell mit Vorsicht zu genießen. Daher ist es ratsam, die Ergebnisse der Umfrage mit Vorhersagen anderer Methoden zu vergleichen.

Dazu ist es zunächst notwendig, die Befragungsergebnisse in Zweiparteien-Stimmenanteile zu übertragen. Daraus ergeben sich Werte von 52,1% für Clinton und 47,9% für Trump. Als Vergleich: Nur 51,6% erhielt Clinton in der Economist-Umfrage vom 1. November, bei Trump waren es noch 48,4%.

Abb. 5–7 Wahlvorhersage für *www.pollyvote.com*, Kooperation von AX Semantics mit der LMU München, Prof. Graefe und Dr. Haim. Quelle: AX Semantics, 2016

Frank Feulner sieht neben »journalistischer Automatisierung« bei »hyperlokalisierten Themen«, die ein kleineres Publikum haben, vor allem zwei große Geschäftsbereiche der automatischen Textgenerierung: *E-Commerce* und *Business Intelligence*. Beim E-Commerce geht es um Bereiche, bei denen ein manuelles Texten so gut wie unmöglich ist. Frank Feulner nennt als Referenzkunden die K-Mailorder GmbH[9] aus Pforzheim. Hier sind Zehntausende Artikel in 15 verschiedenen Sprachen für über 20 Sub-Brands online: Es wäre

---

9)   [ECO] *https://www.klingel.de*

ein unmögliches Unterfangen, hier Menschen alle Produktbeschreibungen texten zu lassen.[10] Mittlerweile macht E-Commerce 80 Prozent des Gesamtumsatzes von AX Semantics aus. Im dritten Bereich, der Business Intelligence, geht es vor allem um automatisierte Reports und Chatsysteme, die in der Lage sind, aus nackten Daten »actionable insights« (Frank Feulner) zu generieren, die nicht bloß Informationen zur Verfügung stellen, sondern auch wirklich den Entscheidungsprozess unterstützen.

Kunden von AX Semantics im Journalismus sind u. a. die Stuttgarter Zeitung oder wetter.de. Hier ein Beispiel für einen (auch korrekt gekennzeichneten) automatisch generierten Text:

---

10) Amazon hat die Frage, ob automatisch generierte Produktbeschreibungen eingesetzt werden, bekanntlich indirekt verneint.

StZ

⌂ › Stuttgart › Stadtbezirke › Stuttgart-Mitte ›
Feinstaub im Stadtbezirk Stuttgart-Mitte Wie viel Feinstaub war am Samstag im Stadtbezirk Stuttgart-Mitte in der Luft?

Feinstaub im Stadtbezirk Stuttgart-Mitte

Wie viel Feinstaub war am Samstag im Stadtbezirk Stuttgart-Mitte in der Luft?

Von ax – 30. Juni 2018 - 23:35 Uhr

Hier lesen Sie, wie viel Feinstaub am Samstag im Stadtbezirk Stuttgart-Mitte in der Luft war. Besonders hohe Werte wurden zwischen 8 und 9 Uhr gemessen. Doch 11,2 Mikrogramm sind ein sehr guter Wert.

Foto: Archiv

Stuttgart-Mitte - Am Samstag betrug der Feinstaubwert im Stadtbezirk Stuttgart-Mitte durchschnittlich 6,4 Mikrogramm je Kubikmeter Luft. Das ergeben die Messungen von 12 Feinstaubmessgeräten des OK Lab. Das Tagesmittel am Samstag lag unter dem vom Freitag und außerdem unter den von der EU höchstens erlaubten 50 Mikrogramm Feinstaub.

Am wenigsten belastet war die Luft zwischen 22 und 23 Uhr, da wurden erfreulich niedrige 3,6 Mikrogramm gemessen. Der meiste Feinstaub war in der Zeit von 8 bis 9 Uhr in der Luft (11,2 Mikrogramm, ein ebenfalls ziemlich erfreulicher Wert). Die Luft war insgesamt ein wenig gesünder als am Vortag, wo im Tagesmittel trotzdem niedrige 6,5 Mikrogramm gemessen wurden. Die staatliche Landesanstalt für LUBW hat an der nächstgelegenen Messstelle (Am Neckartor) in den vergangenen 24 Stunden einen vorläufigen Wert von 27,547 Mikrogramm Feinstaub ermittelt. Wenn in Stuttgart Feinstaubalarm gilt, heißt das nicht automatisch, dass die Werte überall besonders hoch sind. Der Alarm besagt lediglich, dass Schadstoffe wie Feinstaub wetterbedingt nicht gut entweichen können - wenn sie überhaupt in die Luft gelangen.

Zu den detaillierten Werten in den einzelnen Teilen des Stadtbezirks: Im Bereich Stadtzentrum war die Luft am Samstag am meisten belastet. Dort wurden geringe 7,3 Mikrogramm Feinstaub je Kubikmeter Luft gemessen. Im Bereich City-Ring war die Luft am besten mit einem Wert von 5,3 Mikrogramm.

In der zurückliegenden Woche war die Luft am Mittwoch am schlechtesten - da lag der Feinstaubwert im Stadtbezirk bei 6,9 Mikrogramm Feinstaub. Das niedrigste Tagesmittel wurde am Montag mit 3,1 Mikrogramm gemessen.

Dieser Text wurde automatisiert erstellt - und zwar auf Grundlage von Messwerten des OK Lab Stuttgart. Wie diese Werte zustandekommen und wie wir die Messergebnisse weiterverarbeiten, erklären wir hier

Abb. 5–8   Von AX Semantics automatisch erstellter Text für die »Stuttgarter Zeitung«
Quelle: [MED] *https://www.stuttgarter-zeitung.de/inhalt..9720193f-8a67-4049-a878-235f09c3e1a2.html*

Fassen wir zusammen: Welcher ist der kleinste gemeinsame Nenner von Roboterjournalismus bzw. von *Automated Journalism*? Der Kommunikationswissenschaftler Andreas Graefe liefert eine brauchbare Definition:

> *Automated journalism refers to the process of using software or algorithms to automatically generate news stories without human intervention – after the initial programming of the algorithm, of course. Thus, once the algorithm is developed, it allows for automating each step of the news production process, from the collection and analysis of data, to the actual creation and publication of news.*«[11]

Als Vorteile benennt die Kommunikationswissenschaft die *Schnelligkeit*, die *Hyperlokalität*, die *Mehrsprachigkeit* und die mögliche *Personalisierung*, als Nachteile werden *Qualitätsprobleme*, *Standardisierung* und möglicher *redaktioneller Stellenabbau* genannt. Vor allem in der Personalisierung wird ein großes Potenzial gesehen:

> *Algorithms can use the same data to tell stories in multiple languages and from different angles, thus personalizing them to an individual reader's preferences.*«[12]

Roboterjournalismus ist mit Datenjournalismus und auch Big-Data-Analysen verwandt – oftmals wird Roboterjournalismus auch unter »Computational Journalism« subsumiert. In einigen Publikationen wird er als eigenes journalistisches Genre behandelt, wie etwa investigativer Journalismus. Datenjournalismus und Big Data spielen natürlich immer herein, weil Roboterjournalismus ja mit strukturierten oder unstrukturierten Daten beginnt. Ist Letzteres der Fall, muss eine Big-Data-Analyse bzw. muss Data Mining vorgeschaltet werden.

Die Content-Automatisierung des Journalismus betrifft mittlerweile nicht mehr nur die bisherigen Produkte der JournalistInnen, sondern auch die der RezipientInnen (User-generated Content). Immer mehr Medien gehen dazu über, LeserInnenkommentare mittels Software zu strukturieren, etwa *Hate Speech* (semi-)automatisch zu eliminieren oder nach gewissen Parametern ermittelte besonders lesenswerte Postings hervorzuheben. Die österreichische Tageszeitung »Der Standard« arbeitet mit einem Prototyp des so genannten »De-Escalation Bots«, einer Software zur semi-automatisierten

---

11) [SCI] Andreas Graefe (2016): Guide to Automated Journalism. White Paper, New York: Tow Center for Digital Journalism, Columbia University. *https://academiccommons. columbia.edu/catalog/ac:s4mw6m907n*, S. 14

12) [SCI] Andreas Graefe (2016): Ebenda, S. 10

Text-Klassifikation. Die Funktionsweise erklärt der Leiter des Community Management bei der Tageszeitung MMag., Dr. Christian Burger, so:

> *»Die Auswahl der Postings erfolgt manuell, aber mit maschineller Unter-*
> *stützung. Wir setzen dafür den Prototypen des ›De-Escalation Bots‹ ein.*
> *Das ist eine AI-Software, die wir gerade im Rahmen eines Projekts erar-*
> *beiten, das teilweise durch den Google Digital News Innovation Fund*
> *(DNI Fund) gefördert ist. Über ein Moderations-Dashboard können Pos-*
> *tings nach bestimmten Klassifikatoren (z. B. ›arguments used‹ oder ›per-*
> *sonal stories‹) sortiert werden und dann händisch ausgewählt werden.«*[13]

Eine Software zur automatischen Zusammenfassung zahlreicher Postings (wie sie bei diversen touristischen Bewertungsportalen bereits im Einsatz ist), zum Hervorheben von Themen oder Zitaten oder auch zur Schaffung eines »Meinungsbarometers« bei einer ausreichenden Anzahl von Postings gebe es noch nicht, sagt Christian Burger. Und ergänzt: »Generell glauben wir, dass es bei uns in nächster Zukunft eher automationsunterstützte als vollautomatische Prozesse geben wird.«

Zusammenfassend ist zu sagen: Beim derzeitigen Stand der Dinge wird »Roboterjournalismus« nicht den menschlichen Journalisten/die menschliche Journalistin ersetzen, sondern eher jene Themen besetzen, die bislang gar nicht Gegenstand der Berichterstattung waren: hyperlokale Nischenthemen. Der Journalismus erweitert somit seinen Berichterstattungsradius. In der Handhabung sind semi-automatisierte Lösungen derzeit beliebter als vollautomatisierte, und templatebasierte Ansätze werden allenfalls mit künstlichen neuronalen Netzen kombiniert.

5.2 Medienhistorische Vorläufer seit 1963

Der vielleicht älteste Versuch, ein lochkartenbasiertes Programm zur automatischen Textgenerierung zu entwerfen, stammt aus dem Jahr 1963: Das Programm hieß »Baseball« und erlaubte die Beantwortung einfacher Fragen zu

---

13) E-Mail-Interview vom 19.06.2018 – Die wissenschaftliche Grundlage für den »De-Escalation Bot« findet sich in zwei Papers: [SCI] Dietmar Schabus, Marcin Skowron, Martin Trapp (2017): One Million Posts: A Data Set of German Online Discussions. Technical Report, Österreichisches Forschungsinstitut für Artificial Intelligence, Wien, sowie [SCI] Dietmar Schabus, Marcin Skowron (2018): Academic-Industrial Perspective on the Development and Deployment of a Moderation System for a Newspaper Website, *http://www.lrec-conf.org/proceedings/lrec2018/pdf/8885.pdf*

einem gespeicherten Datensatz zu Baseballspielen.[14] Wie viele ähnliche damalige Projekte vor allem im Bereich der maschinellen Übersetzung[15] wurde auch dieses Projekt von der US Army, US Navy und/oder US Air Force finanziell unterstützt.

Als wichtiger Vorläufer heutiger Automatisierungsansätze gelten die Arbeiten von Harry R. Glahn zu automatisch generierten Wettervorhersagen. Glahn beschreibt das so:

> »*The computer program was originally designed for use in the winter; slight adjustments have been made for summertime use. It contains about 80 phrases and sentences which are used to compose the message. Numerical values of the forecasts are inserted, along with necessary commas, periods, and connectives. Different headings are used on a random basis to provide variety.*«[16]

```
MAR 17, 1970                        TDL EXPERIMENTAL FORECASTS


GOOD MORNING.  THE TECHNIQUES DEVELOPMENT LABORATORY BRINGS YOU THE LATEST
FORECAST FOR WASHINGTON, D. C. AND VICINITY.  MOSTLY SUNNY THIS MORNING WITH A
FEW MORE CLOUDS THIS AFTERNOON.  SOMEWHAT WARMER TODAY, MAXIMUM TEMPERATURE 47
DEGREES.  NORTHWESTERLY WINDS OF 5 MPH THIS MORNING BECOMING LIGHT AND VARIABLE
BY AFTERNOON.  ONLY 2 PERCENT PROBABILITY OF PRECIPITATION TODAY.


GOOD MORNING.  THE TECHNIQUES DEVELOPMENT LABORATORY BRINGS YOU THE LATEST
FORECAST FOR ATLANTA AND VICINITY.  PARTLY CLOUDY THIS MORNING BECOMING CLOUDY
THIS AFTERNOON.  LITTLE CHANGE IN TEMPERATURE TODAY, HIGH OF 53 DEGREES.
SOUTHEASTERLY WINDS 15 MPH, WITH 15 PERCENT PROBABILITY OF RAIN AND 2 PERCENT
PROBABILITY OF SNOW.
```

Abb. 5–9 Computergenerierte Wettervorhersage aus dem Jahr 1970
Quelle: [SCI] Harry R. Glahn (1970): Computer-Produced Worded Forecasts,
In: Bulletin of the American Meteorological Society, S. 1126–1131, hier S. 1128.

---

14) [SCI] Bert F. Green, Alice K. Wolf, Carol Chomsky, Kenneth Laughery (1963): Baseball: An Automatic Question-Answerer, *https://web.stanford.edu/class/linguist289/p219-green.pdf*

15) Etwa [SCI] Silvio Ceccato (1961): Linguistic Analysis and Programming for Mechanical Translation (Mechanical Translation and Thought), New York: Gordon and Breach.

16) [SCI] Harry R. Glahn (1970): Computer-Produced Worded Forecasts, In: Bulletin of the American Meteorological Society, Vol. 51, No. 12, December 1970, S. 1126–1131, hier S. 1127.

Die Beschreibung erinnert stark an heutige templatebasierte Ansätze. »Die Technologie dahinter ist nicht neu«, sagt auch Roboterjournalismus-Forscher Andreas Graefe mit Verweis auf Glahn.[17]

Mit »Tale-Spin« lag erstaunlicherweise bereits 1977 der Versuch eines Computerprogramms vor, das eigene Geschichten schreiben konnte.[18] Das Programm beruhte freilich auf Inputs und Entscheidungen des Nutzers. Output des Programms waren märchenhafte Kurzgeschichten wie etwa die folgende:

```
                The Fox and the Crow


    "Once upon a time, there was a dis-
honest fox named Henry who lived in a
cave, and a vain and trusting crow named
Joe who lived in an elm tree. Joe had
gotten a piece of cheese and was holding
it in his mouth. One day, Henry walked
from his cave, across the meadow to the
elm tree. He saw Joe Crow and the cheese
and became hungry. He decided that he
might get the cheese if Joe Crow spoke,
so he told Joe that he liked his singing
very much and wanted to hear him sing.
Joe was very pleased with Henry and began
to sing. The cheese fell out of his
mouth, down to the ground. Henry picked
up the cheese and told Joe Crow that he
was stupid. Joe was angry, and didn't
trust Henry anymore. Henry returned to
his cave. "
```

Abb. 5–10 Von »Tale-Spin« 1977 automatisch generierte Kurzgeschichte
Quelle: [SCI] *https://www.cs.utah.edu/nlp/papers/talespin-ijcai77.pdf*, S. 97

Es ist ein gar nicht so großer Sprung von diesen frühen Versuchen der *Natural Language Generation* zu den aktuell am Markt operierenden Unternehmen Automated Insights, Narrative Science, AX Semantics oder Retresco. Einige dieser Unternehmen existierten früher unter einem anderen Namen und

---

17) E-Mail-Interview vom 05.06.2018
18) [SCI] James R. Meehan (1977): Tale-Spin. An Interactive Program that Writes Stories, In: Proceedings of the 5th International Joint Conference on Artificial Intelligence. *https://www.cs.utah.edu/nlp/papers/talespin-ijcai77.pdf*

haben erst durch die neue Fokussierung auf Automated Content auch ihre Unternehmensnamen geändert. Automated Insights etwa gibt es seit 2011, das Unternehmen hieß vorher StatSheet (gegründet 2007) und beschäftigte sich mit der Aufbereitung und Visualisierung von Sportdaten. Auch Retresco wurde, siehe auch hier Kapitel 4, bereits 2008 gegründet, aber das Rebranding mit Fokus auf automatische Textgenerierung erfolgte 2014. Narrative Science wurde 2010 gegründet, und auch dieses Unternehmen wurzelt im Sport: Der erste Prototyp produzierte Storys über Baseballspiele.

Eines der ersten Unternehmen weltweit, die automatisierte Textgenerierung professionell einsetzten, war Thomson Financial (heute Teil von Thomson Reuters). »Computers write news at Thomson«, berichtete die Financial Times schon im August 2006 (!).[19]

2012 begann Forbes seine Zusammenarbeit mit Narrative Science für bestimmte Wirtschaftsmeldungen.[20] Seit 2014 ist für die Los Angeles Times der »Quakebot« im Einsatz.[21] Der Bot schreibt automatische Erdbebenmeldungen. Ebenso seit 2014 verwendet die Associated Press (AP) die Software »Wordsmith« von Automated Insights. Die Nachrichtenagentur begann die Automatisierung mit Berichten zu Unternehmensbilanzen. Das Jahr 2014 mag somit in den USA als das Jahr des Take-off des Automated Journalism gelten.

Seit 2016 setzt nun auch Reuters auf Content-Automatisierung, vor allem, was die Produktion von Infografiken und Erklärvideos anbelangt.[22] Nachrichtenagenturen wie die TT in Schweden, die NTB in Norwegen oder die STT in Finnland arbeiten ebenfalls mit automatisierten Lösungen.[23] Die österreichische APA experimentiert seit 2017 mit ihrem internen Schreibroboter-Prototyp EGON. Nur die bundesdeutsche dpa scheint bis auf weiteres noch kein Freund der Automatisierung zu sein. Sie beendet ihre Meldungen dementsprechend stets mit dem Hinweis: »Die dpa ist eine Nachrichtenagentur, die Medien mit selbst recherchierten und formulierten Meldungen zu aktuellen Ereignissen beliefert.«

---

19) [MED] *https://www.ft.com/content/bb3ac0f6-2e15-11db-93ad-0000779e2340*

20) [MED] *https://www.heise.de/ct/ausgabe/2012-25-Automatische-Textgeneratoren-veraendern-den-Journalismus-2334080.html*

21) [MED] *https://www.heise.de/newsticker/meldung/Quakebot-schreibt-erste-Meldung-zum-Erdbeben-in-Los-Angeles-2149156.html*

22) [MED] *https://techcrunch.com/2016/09/13/reuters-is-the-latest-large-news-agency-to-embrace-content-automation*

23) Interview Katharina Schell, APA, 22.06.2018

5.3 Was sagen die JournalistInnen, was sagen die LeserInnen?

Schon Harry R. Glahn verband im Jahr 1970 mit automatisierten Wettervorhersagen eine Hoffnung: »The more routine duties can be handled by computer, thereby freeing the meteorologist for the more challenging roles of meteorological consultant and specialist on high-impact weather situations.«[24] Übertragen auf den heutigen Journalismus könnte man formulieren: Je mehr Routineberichte von Computern verfasst werden, desto mehr Zeit haben die JournalistInnen für investigative Recherche, Check-Gegencheck-Recheck und qualitativ hochwertige Berichte. Die Financial Times zitierten im Jahr 2006 eine Führungskraft von Thomson Financial zur Einführung der automatischen Textgenerierung so: »This means we can free up reporters so they have more time to think.«[25] Solange Roboterjournalismus auf hyperlokale Ereignisse, Long Tails und Nischenstorys mit klarer Datenlage beschränkt bleibt (als Beispiele seien nochmals angeführt: Fußball-Regionalligas, Unternehmensjahresbilanzen, regionale Wahlergebnisse), wird den JournalistInnen Arbeit nicht weg-, sondern allenfalls abgenommen. Sehr häufig ist es auch so, dass über solche Ereignisse gar nicht berichtet worden wäre, wenn nicht Roboterjournalismus im Einsatz wäre.

Wie sehen nun die JournalistInnen sich selbst in Anbetracht des Aufmarsches der »Schreibroboter«? Sehen sie diese als sinnvolle Ergänzung oder ernstzunehmende Konkurrenz an? Eine Umfrage unter 522 österreichischen JournalistInnen ergab im Jahr 1998 kaum Zustimmung zum Zukunftsszenario »Der professionelle Journalismus wird irgendwann einmal ganz verschwinden und von einer intelligenten Software erledigt werden«. Nur 1,3 Prozent der Befragten stimmten diesem Szenario zu, 10,7 Prozent entschieden sich für »stimmt teilweise« und 88,0 Prozent optierten für »stimmt nicht«. Von zwölf vorgegebenen Zukunftsszenarios ergab die mögliche Ablösung der menschlichen JournalistInnen durch intelligente Software die geringste Zustimmungsrate. Dass »Expertensysteme schon bald die Selektionsfunktion des Journalismus übernehmen« werden, hielten zumindest 40,2 Prozent für »teilweise« richtig.[26]

Eine Befragung von 88 österreichischen JournalistInnen im Rahmen einer Bachelorarbeit an der Universität Wien ergab im Jahr 2018 folgendes Bild:

24) [SCI] Harry R. Glahn (1970): Computer-Produced Worded Forecasts, In: Bulletin of the American Meteorological Society, Vol. 51, No. 12, December 1970, S. 1126–1131, hier S. 1129

25) [MED] *https://www.ft.com/content/bb3ac0f6-2e15-11db-93ad-0000779e2340*

26) [SCI] Stefan Weber (2000): Was steuert Journalismus? Ein System zwischen Selbstreferenz und Fremdsteuerung, Konstanz: UVK Medien, S. 165

Nahezu 70 Prozent der Befragten sehen nunmehr Roboterjournalismus als »fixen Bestandteil der zukünftigen Nachrichtenbranche«. Allerdings ist auch die Skepsis groß: Dass Roboterjournalismus auch eine *Chance* für die Nachrichtenbranche sei, daran wollen 64 Prozent nicht glauben.[27]

Es gibt mittlerweile zahlreiche Studien, die untersucht haben, ob Menschen computergenerierte journalistische Texte von jenen unterscheiden können, die von Menschen verfasst wurden. Untersuchungen, die sich mit den Ansichten und Meinungen der journalistischen KommunikatorInnen beschäftigen, sind indes Mangelware. Im Rahmen einer weiteren Bachelorarbeit aus dem Jahr 2017 wurden sieben Experteninterviews durchgeführt. Ein Mitarbeiter von Retresco war dabei, ebenso ein Mitarbeiter von AX Semantics, aber es wurden nur zwei Journalisten interviewt.[28] Die Frage im Untertitel der Publikation (»Bedrohung oder Chance?«) kann daher kaum valide beantwortet werden.

Zur Frage, welche journalistischen Aufgaben der automatisierte Journalismus in der Zukunft erfüllen kann, zunächst ein längeres Zitat des österreichischen Journalisten und Politikwissenschaftlers Armin Wolf:

> *»Ich habe mich bemüht, das, was Journalisten machen, auf vier zentrale Funktionen herunterzubrechen.*
> *Die erste ist die **Recherche**, also das Sammeln und – ganz wichtig, denn gesammelt ist ja relativ schnell – das Überprüfen von Informationen.*
> *Dann die **Selektion**, also das Bewerten und Auswählen von Informationen: Was ist wert, veröffentlicht zu werden? Von Gerd Bacher, dem legendären ORF-Intendanten, habe ich einmal in einer Diskussion den schönen Satz gehört: ›Journalismus ist Unterscheidung – die Unterscheidung zwischen wahr und unwahr, wichtig und unwichtig, Sinn und Unsinn.‹ [...]*
> *Die dritte wesentliche Funktion ist die **Redaktion** – also das Aufbereiten, im Englischen **editing**. Darunter verstehe ich alles vom Schreiben eines Artikels über den Dreh eines Videos, die Gestaltung eines Hörfunkbeitrags bis zum Zeichnen einer Grafik oder einer ganzen Zeitungsseite. Und schließlich die **Publikation**, also die eigentliche Veröffentlichung und Verbreitung der recherchierten, bewerteten und aufbereiteten Informationen.*

---

27) [SCI] Lukas Wodička (2018): Roboterjournalismus in Österreichs Nachrichtenredaktionen. Eine Befragung österreichischer (Chef-)RedakteurInnen zur Anwendung und Einschätzung von Roboterjournalismus, Bachelorarbeit: Universität Wien, S. 45 und 50

28) [SCI] Patrick Reichelt (2017): Einführung in den Roboterjournalismus. Bedrohung oder Chance?, Baden-Baden: Tectum, S. 77

Und ich glaube tatsächlich, dass – trotz der unglaublichen technologi-
schen Möglichkeiten, die das Netz mittlerweile bietet – letztlich nur
professionelle Medien, egal auf welcher Plattform sie erscheinen, diese
vier Funktionen umfassend erfüllen können, weil man dafür Ressourcen
braucht, organisatorisch, inhaltlich und finanziell.«[29]

Wenn wir diese vier zentralen Funktionen des Journalismus betrachten –
Recherche, Selektion, Redaktion und *Publikation* –, dann fällt auf, dass vor
allem die *Redaktion* und die *Publikation* von den derzeitigen Automatisie-
rungsprozessen betroffen sind. So kann Software zwar noch keine »ganze
Zeitungsseite« designen[30], sie kann aber Templates zur Verfügung stellen.
Das »Schreiben eines Artikels« kann eben in gewissen thematischen Grenzen
bereits »Wordsmith« von Automated Insights oder die »textengine« von
Retresco. Der »Dreh eines Videos« gelingt automatisiert mit Wibbitz, das
»Zeichnen einer Grafik« mit Graphiq oder Googles DeepDream. Klarerweise
muss die Initialzündung vom Menschen stammen, aber es wird nicht mehr
lange dauern, bis eine Software auch im Journalismus ungefragt auf der Basis
von Daten aktiv wird (so wie es die Facebook-Erinnerungsalben oder die
kuratierten »Andenken«-Sammlungen am iPhone bereits vormachen).

Betrachten wir die *Publikation*, »die eigentliche Veröffentlichung und
Verbreitung« (Wolf), denken wir natürlich sogleich an Bots, die für eine automatische Verbreitung der Nachrichten sorgen können. Und ich erinnere an
den Schreibroboter EGON, der womöglich schon bald eine automatische
Verbreitung einer Nachricht auf Social-Media-Kanälen leisten kann. *Text*
oder *Article Spinning* heißt jetzt die Modifikation einer Nachricht für verschiedene Kanäle.

Entscheidend sind die Vorbehalte bei den ersten beiden von Armin Wolf
genannten journalistischen Funktionen, bei der *Recherche* und der *Selektion*.
Selbst Google hat bei seinem Automatisierungsprojekt auf vorgegebene Informationen zurückgegriffen, aus denen dann ein neuer Text entsteht.[31] Allerdings zeigt das Video von Philip Parkers ICON-Software, dass es dieser auch
möglich ist, das Netz nach einem eingegebenen Stichwort automatisch abzu-
grasen. Seine Software bewerkstelligt es etwa, nach ein und demselben Phänomen in allen Ländern der Erde zu suchen, von denen Daten im Web vorliegen[32] *(Fußnotentext auf S. 60)*. Dies scheint ein erster Schritt in Richtung

---

29)   [SCI] Armin Wolf (2013): Wozu brauchen wir noch Journalisten? Wien: Picus, S. 64
30)   Und selbst das ist nicht mehr gewiss, siehe [MED] *https://www.thedrum.com/news/2016/*
      06/15/ibm-watson-drum-team-first-magazine-edited-ai
31)   Siehe [SCI] Peter J. Liu, Mohammed Saleh, Etienne Pot u.a. (2018): Generating Wikipedia
      by Summarizing Long Sequences. *https://arxiv.org/abs/1801.10198*

Automatisierung der Recherche zu sein. Die quellenkritische Bewertung von Informationen, von Wolf etwas altertümlich *Selektion* genannt[33], scheint nun jener Bereich zu sein, in dem der Mensch mit seiner Erfahrung besonders unverzichtbar erscheint. Doch auch hier gibt es bereits Software, die eine automatisierte Qualitätsbeurteilung von Texten vornehmen kann. Diese wurde zwar zum Zwecke der Bewertung studentischer Essays entwickelt[34], aber auch diese Entwicklung wird ja weitergehen und es ist nicht auszuschließen, dass bald eine ausgereifte Software zur Einordnung und quellenkritischen Bewertung der für den Journalismus relevanten Quellen vorliegt.

Werfen wir nun einen Blick auf die LeserInnen. Stören diese die automatisch generierten Texte? Erkennen sie überhaupt einen Unterschied, wenn diese nicht gekennzeichnet werden? Wünschen sie eine Kennzeichnung? Zahlreiche internationale kommunikationswissenschaftliche Studien in den vergangenen Jahren haben ergeben, dass LeserInnen automatisch generierte Texte von manuell generierten nicht unterschieden können und dass sie sogar den Texten aus der »Feder« des Computers eine höhere Glaubwürdigkeit zuschreiben.[35]

Das experimentelle Setting war in vielen Studien dasselbe. Der Fokus auf den klassischen Turing-Test verstellte allerdings auch den Blick auf andere Fragen, wie kritisch angemerkt werden muss. Diese wären etwa:

1. »*Turing-Test zweiter Ordnung*«: Wäre eine *Software* in der Lage, den Unterschied zwischen automatisch generierten und manuell verfassten Texten zu erkennen?[36]

2. Kann eine *Kennzeichnungspflicht* für automatisch generierte Texte gesetzlich verankert werden?

3. Wie geht das *Urheberrechtsgesetz* mit automatisch generierten Inhalten um[37], wer ist hier Urheber? Die Software, das Software-Unternehmen, die das Unternehmen beauftragende Redaktion, das Verlagshaus oder schlichtweg niemand?

---

32) [MED] *https://www.youtube.com/watch?v=SkS5PkHQphY*

33) Meiner Erfahrung nach scheiden bei der Bewertung selten Quellen aus, sondern treten eher neue hinzu. Denn bei einem professionellen Zugang wird in nicht-seriösen Quellen von vornherein nicht recherchiert.

34) [SCI] Eva Seifried, Wolfgang Lenhard, Birgit Spinath (2016): Filtering Essays by Means of a Software Tool: Identifying Poor Essays, In: Journal of Educational Computing Research, *https://www.researchgate.net/publication/303849071_Filtering_Essays_by_Means_of_a_ Software_Tool_Identifying_Poor_Essays*

35) Siehe etwa die Übersicht bei Patrick Reichelt (2017): Einführung in den Roboterjournalismus. Bedrohung oder Chance?, Baden-Baden: Tectum, S. 32 ff.

36) Siehe dazu auch Social-Bot-Erkennungssoftware, diskutiert in Kapitel 6.2

37) Siehe dazu auch das Kapitel 10, »Rechtliche Aspekte automatisch erstellter Inhalte« von Albrecht Haller

Ad 1

Es ist vorauszusetzen, dass diese Prüfsoftware nicht selbst »Autor« der automatisierten Texte ist, die sie auf Automatisierung überprüft. Journalistikwissenschaftler Andreas Graefe bemerkt dazu, dass dies »eine interessante Frage« sei, die bislang »noch nicht untersucht« wurde.[38]

Ad 2

Derzeit gibt es noch keine Kennzeichnungspflicht. Der Deutsche Journalisten-Verband fordert aber die Einführung einer solchen.[39] Quellentransparenz ist ein journalistisches Qualitätsmerkmal. Ich halte es außerdem für absolut wichtig, dass automatisch generierte journalistische Texte vor der Publikation – ebenfalls mittels einschlägiger Software wie z.B. *Turnitin* – plagiatsgeprüft werden und die jeweilige Textgenerierungs-Software als Quelle immer angegeben werden muss.

Ad 3

Automatisch generierte journalistische Texte befinden sich derzeit in einem urheberrechtsfreien Raum:

> *»Bislang haben nur Menschen Urheberrechte auf ihre Werke. Das liegt daran, dass bei einer Schöpfung eine Persönlichkeit vorausgesetzt wird. Bei Texten, die von Robotern geschrieben wurden, hat nach aktueller Rechtslage niemand ein Urheberrecht.«[40]*

Hier dürfte also tatsächlich der Gesetzgeber gefordert sein, bei einer weiteren Zunahme von automatisch erstelltem Content (von der auszugehen ist) das Urheberrechtsgesetz entsprechend anzupassen.[41]

---

38) E-Mail-Interview vom 05.06.2018
39) [MED] *http://profkorol.de/rj-ethik-und-recht*
40) [MED] *http://profkorol.de/rj-ethik-und-recht*
41) Auch im derzeit so kontrovers diskutierten Entwurf einer neuen EU-Richtlinie für das »Urheberrecht im digitalen Binnenmarkt« kommen automatisch generierte Inhalte mit keinem Wort vor, siehe *https://eur-lex.europa.eu/legal-content/DE/TXT/HTML/ ?uri=CELEX:52016PC0593&from=DE* (Juristische Quelle).

5.4 Die Trends: Personalisiertes Storytelling, Dialogjournalismus, Sensorstorys

> »In der Vergangenheit haben Software-Anbieter den Kampfbegriff Robo-
> terjournalismus (besser wäre: automatisierter Journalismus) bewusst auch
> für Marketingzwecke benutzt. Aktuell beobachten wir, dass Journalisten
> mehr über die Möglichkeiten und Grenzen der Technologie lernen und die
> anfangs vorhandenen Ängste (z. B. Ersetzbarkeit durch Algorithmen) ver-
> lieren. Das wird meiner Meinung nach dazu führen, dass weniger über die
> Technologie geschrieben wird. Das heißt aber nicht, dass sich die Techno-
> logie nicht durchsetzen wird. Ich erwarte eine schleichende Einführung. In
> ein paar Jahren wird automatisierte Textgenerierung als eines von vielen
> hilfreichen Tools in Newsrooms nicht mehr wegzudenken sein.«[42]

Im Umfeld des »Roboterjournalismus« gibt es derzeit drei Trends, die sich
vielleicht auch in Richtung eigener, neuer journalistischer Genres entwickeln
werden: Personalisiertes Storytelling, Dialogjournalismus und Sensorstorys.

Personalisiertes Storytelling

Personalisiertes Storytelling meint die Möglichkeit von Storys in multiplen
Fortsetzungen, »Storytelling, das sich in Echtzeit an den Leser anpasst«.[43]

> »Algorithmen erkennen den besten Moment zu lesen. Wünsche und Bedürf-
> nisse der Leser beeinflussen die Geschichte. Warum wird die Story nicht
> gleich individuell für jeden Leser? Auch wenn hier noch ein Blick in die Glas-
> kugel gewagt wird. So weit entfernt scheint dies Szenario nicht mehr.«[44]

Voraussetzung ist hier, dass die Algorithmen die MediennutzerInnen zumindest grob kennen. Es müssten also bereits Persönlichkeitsprofile (auf Basis
des bisherigen Mediennutzungsverhaltens, des bisherigen Einkaufsverhal-
tens, der Suchhistorie etc.) vorliegen. Dann könnten Storys in der Tat fast so
viele Enden haben, wie es NutzerInnen gibt: Von der (offenbar doch eher
harmlosen) »Filterblase«, von den vermeintlichen »Echokammern« hin zum
Mediensolipsismus? Die Erkenntnistheoretiker des Radikalen Konstruktivis-

---

42) E-Mail-Interview mit dem Kommunikationswissenschaftler Andreas Graefe vom
05.06.2018
43) [MED] *https://www.neugiermarketing.de/neugier/storytelling-mit-daten-und-sensoren*
Hörenswert ist der Podcast auf dieser Seite: »Storytelling verzaubert Daten – Wie Algorithmen neugierige Geschichten schreiben«
44) [MED] Ebenda

mus hätten jedenfalls ihre Bestätigung gefunden: Jede/r hat seine/ihre eigene Geschichte im Kopf!

Eine »Light-Variante« der Personalisierung ist das Einbeziehen der Geolokalisierung. Solche Versuche gibt es tatsächlich bereits. »AudioRoad« des Berliner Unternehmens *Datenfreunde* ist etwa so ein Projekt, in diesem Fall eines neuartigen Radios:

> *»Das Ausspielen erfolgt [...] algorithmenbasiert, aufbauend auf Faktoren wie Ort, Zeit und Inhalt. Wir trainieren die Machine-Learning-Plattform so auf die Interessen und Gewohnheiten der Nutzer. Das Ergebnis ist ein maßgeschneidertes Audio-Programm.«*[45]

Dialogjournalismus

Dialogjournalismus meint den Versuch, Journalismus stärker dialogisch an dem/der NutzerIn auszurichten – meistens über Chatbots oder über spezielle Zusatzservices. In beiden Fällen bedient der/die NutzerIn meist eine App am Smartphone. Die Austria Presse Agentur APA hat sich einige zukünftige Einsatzgebiete von automatisierter Texterstellung überlegt. Neben Horoskopen, dem TV-Programm sowie »Musik- und Buchvorstellungen« erwähnt die APA auch eine dialogische App:

> *»Neuartige Zusatzservices: Applikationen für Haus & Garten z. B. User geben Profil ihres Gartens ein (m^2, Lage etc.) – Vorschläge zu Aktivitäten und Gestaltung rund um das Gartenjahr«*[46]

---

45) [ECO] *https://datenfreunde.com/audioroad*. Ähnlich »xMinutes« vom selben Unternehmen: »3 Minuten Zeit an der Ampel? 20 Minuten Zeit im Badezimmer? 45 Minuten Zeit bei der Bahnfahrt? Für jeden Augenblick die richtigen Nachrichten. Dank Bewegungsdaten, Klickverhalten und Interesse entscheidet der Algorithmus, welche News angezeigt werden.« [ECO] *https://datenfreunde.com/xminutes*. Wie bereits erwähnt, kann hier von etwaigen »Filterblasen« nicht mehr die Rede sein, denn das wäre radikaler als jede »Filterblase«. Welche Gefahren eine solche Nachrichten-Fragmentierung mit sich bringen würde, steht auf einem anderen Blatt. Personalisiertes Storytelling ist m.E. nur dann unbedenklich, wenn parallel dazu weiter das »große Ganze«, »the big picture« existiert, das etwa weiter über Online-Newsportale abrufbar sein muss.

46) [MED] apa medialab (2017): Trendbriefing Automated Journalism, März 2017, *https://medialab.apa.at/wp-content/uploads/2017/04/Pr%C3%A4sentationAutomatisierte-Texterstellung.pdf*, S. 3

Die Möglichkeit, Journalismus im Sinne von »News to use«[47] mit Chatbots zu koppeln, wird bislang noch eher selten genutzt.[48] Es ist aber ohne weiteres eine Zukunft vorstellbar, in der JournalistInnen und/oder Roboter nicht mehr Storys, sondern Antworten auf mögliche Fragen von NutzerInnen schreiben. Eine solche Entwicklung würde auch zum Paradigma des »konstruktiven Journalismus« passen, das sich gegenwärtig immer mehr durchsetzt.

Sensorstorys

Mit »Sensorstory« wird ein neues journalistisches Format beschrieben, dem der Online-Journalist Björn Erichsen mit seiner WDR-Serie »Superkühe« 2017 zum Durchbruch im deutschsprachigen Raum verholfen hat.[49] Worum geht es hier?

> »Das neue journalistische Format setzt gezielt Sensoren ein, um die Welt
> zu vermessen und dadurch Geschichten zu erzählen. Aus der Fülle der
> erhobenen Daten über Temperatur, Lautstärke, Bewegungsmuster oder
> Schadstoffkonzentrationen werden automatisch Texte generiert und in
> das Internet und die sozialen Medien eingespeist – schneller und präziser
> als ein menschlicher Reporter dies jemals könnte.«[50]

> »Abhängig vom Untersuchungsgegenstand und der Dramaturgie werden die
> Informationen im Netz visualisiert und multimedial aufbereitet – mit Daten-
> wolken, kleinen Videos oder Live-Webcam-Übertragung. ZuschauerInnen
> sind dadurch unmittelbar dabei, wenn ein Kalb geboren wird, ein
> Ökosystem ins Wanken gerät oder ein Bienenvolk akut bedroht ist.
> UserInnen können über die sozialen Medien antworten, mitdiskutieren
> und in manchen Fällen sogar Einfluss nehmen auf die Bedingungen und
> so die Geschichte mitgestalten. Die SensorStory ist eine neue Art des
> Storytellings mit Sensordaten aus dem Internet-der-Dinge.«[51]

---

47) Bei »News to use« handelt es sich um Nachrichten mit aktuellem Nutz- und Gebrauchs-wert.
48) Ein erster Versuch in diese Richtung wäre der Chatbot »Novi«, siehe [MED] *https://www.tagesschau.de/inland/novi-103.html,* der im folgenden Kapitel über Chatbots vorge-stellt werden wird.
49) [MED] *https://superkuehe.wdr.de*
50) [MED] *https://www.miz-babelsberg.de/sensorstory*
51) [MED] Ebenda

Wie brand eins berichtete, äußerte Automated Insights schon 2015 Pläne in diese Richtung:

> *Der Plan sieht vor, in naher Zukunft Algorithmen zu schreiben, die auch Sensor-Daten zu Texten verarbeiten können. Aufnahmen von Überwachungskameras oder Mikrofonen, GPS-Daten, industrielle Qualitätskontrollen, Luftmess-Stationen – die Möglichkeiten, Daten zu sammeln, sind endlos, und es ist nur eine Frage der Zeit, bis Wordsmith (die Software von Automated Insights – Anm. Autor) daraus Texte formuliert.*[52]

Und so erhalten wir bei »Superkühe« Einblicke in das Leben von drei Kühen, die ohne Sensoren und Digitalisierung unmöglich gewesen wären: Wir erfahren, wie viel Kilogramm Milch pro Tag Kuh Emma abgibt, ob sich Kuh Uschi richtig ernährt und wie viele Schritte Kuh Connie gelaufen ist. Das Ganze wird mit vielen Videos, Tagebuch und Live-Chat angereichert. Was wie eine technische Spielerei klingt, ist der beachtenswerte Versuch, der Wirklichkeit neue Aspekte abzugewinnen – und dies mit dem Einsatz modernster Technologien.[53] Sensorstorys beweisen, dass es Innovationen im Journalismus gibt, dass sich neue Ideen um- und durchsetzen lassen. Sie zeigen weiter, dass es neue Technologien erlauben, der Wirklichkeit Neues abzuverlangen, d.h. Daten zu generieren, die es bislang schlichtweg nicht gab. Bei Sensorstorys geht der menschliche Journalismus eine produktive Symbiose mit den manchmal gefürchteten oder zumindest oft skeptisch beäugten »Schreibrobotern« ein. Bei den »Superkühen« bilden sogar Menschen, Tiere und Technik eine Einheit. *Datenjournalismus, Big-Data-Analysen, Roboterjournalismus, Sensorjournalismus* – die Entwicklung ist dynamisch und zeigt, dass von einem »Ende des Journalismus« keine Rede sein kann. Und so lautet auch das Fazit dieses Kapitels: »Roboterjournalismus« ist nicht der Tod der Branche, sondern eine konstruktive und technologisch enorm spannende Erweiterung – wenn er in jenen Bereichen eingesetzt wird, in denen eine Automatisierung der Texterstellung sinnvoll ist. Unbedingt zu fordern sind aber eine *Kennzeichnungspflicht* für automatisch generierte Inhalte und wohl auch eine Änderung des *Urheberrechtsgesetzes.*

---

52) [MED] *https://www.brandeins.de/magazine/brand-eins-wirtschaftsmagazin/2015/maschinen/die-schreib-maschinen*
53) [MED] Hier ein weiteres Beispiel für eine Sensorstory: *https://sensorstory.wordpress.com*

6 Chatbots und Social Bots: Wie »gute« und »böse« Bots die Kommunikation steuern

Der im vergangenen Kapitel diskutierte »Roboterjournalismus« betraf die *automatische Herstellung von Informationen aus Daten und gegebenen sprachlichen Versatzstücken* – mit oder ohne künstliche Intelligenz. Bis auf den besprochenen Zukunftstrend eines »Dialogjournalismus« (bei dem Roboterjournalismus und Chatbot-Kommunikation konvergieren) geht es beim Roboterjournalismus nicht um Konversation bzw. Kommunikation. In diesem Kapitel geht es um die *automatische Ingangsetzung von Kommunikation* auf Basis automatisch erkannter oder hergestellter Informationen. Es geht also immer um Formen des NLU (des Natural Language Understanding) und um anschließende automatisierte Reaktionen – mündlich oder schriftlich (NLG, Natural Language Generation). *Automatisierte Kommunikation* manifestiert sich derzeit in drei großen Bereichen:

1. *Chatbot-Kommunikation*, vor allem wirtschaftlich genutzt von Unternehmen, derzeit vor allem im Facebook Messenger,
2. *Intelligente persönliche Assistenten*, wobei hier wieder die »Big Five« (derzeit noch exklusive Facebook) die größte Rolle spielen: Apples »Siri«, Amazons »Alexa«, Googles »Google Assistant« oder Microsofts »Cortana«,
3. *Social Bots* bzw. *Meinungsroboter*, deren Funktion das Simulieren real-menschlicher Kommunikation bzw. Reaktion in sozialen Netzen zur Meinungsbildung bzw. -verstärkung ist.

Alle drei Phänomene sind in dieser Weise neu und existieren erst seit einigen Jahren. So haben etwa Chatbots im Facebook Messenger erst seit Anfang 2017 sprunghaft zugenommen (nachdem Facebook seinen Messenger für Chatbots geöffnet hatte), und von der »Invasion der Meinungsroboter« (so der Titel einer Kurzstudie der Konrad-Adenauer-Stiftung) ist hierzulande seit

Herbst 2016 die Rede. Es sind junge Phänomene, die jedoch gerade wegen ihrer raschen Expansion die Kommunikationswissenschaft vor neue Herausforderungen stellen.

6.1 Chatbots, intelligente persönliche Assistenten und automatisierte Entscheidungen

»Bots are the new apps.«[1]

Chatbots in Instant-Messenger-Diensten, vor allem im Facebook Messenger sind in der Tat ein junges, von der Kommunikationswissenschaft noch kaum beachtetes und weitgehend unerforschtes Phänomen. Die Marketing-Fachleute überschlagen sich hingegen bereits mit Parolen: Das Zeitalter des »Conversational Commerce« und des »Algorithmic Business« sei angebrochen, ja:

> *»Die Bot-Entwicklung wird zu fundamental anderen Prinzipien in der Kommunikation und in den entsprechenden Interfaces führen. Bots werden einen Großteil der Webseiten und Apps ersetzen.«*[2]

Chatbots (auch Chatterbots oder oft etwas unscharf nur Bots genannt) sind Anwendungen, die die Unterhaltung zwischen einem Menschen und einem technischen System erlauben, entweder in geschriebener oder in gesprochener Sprache. Eine griffige Definition ist auf Wikipedia nachzulesen:

> *»Ein Chatterbot, Chatbot oder kurz Bot ist ein textbasiertes Dialogsystem, welches das Chatten mit einem technischen System erlaubt. Er hat je einen Bereich zur Textein- und -ausgabe, über die sich in natürlicher Sprache mit dem dahinterstehenden System kommunizieren lässt.«*[3]

---

1)   [SCI] Peter Gentsch (2018): Künstliche Intelligenz für Sales, Marketing und Service. Mit AI und Bots zu einem Algorithmic Business – Konzepte, Technologien und Best Practices, Wiesbaden: Springer, S. 89

2)   So die durchaus gewagte Prognose von Peter Gentsch, ebenda, S. 89. – »Facebooks Chatbots könnten unsere Kommunikation im Alltag für immer verändern«, spekulierte 2016 auch Focus: [MED] *https://www.focus.de/digital/videos/chatten-der-zukunft-facebooks-chatbots-koennten-unsere-kommunikation-im-alltag-fuer-immer-veraendern_id_5437641.html*

3)   [MED] *https://de.wikipedia.org/wiki/Chatbot*, 13.07.2018

Eine wissenschaftliche Definition lautet:

> »*Chatbots are machine agents that serve as natural language
> user interfaces for data and service providers. Currently, chatbots
> are typically designed and developed for mobile messaging
> applications.*«[4]

Die in der Kommunikationswissenschaft verbreitete Lasswell-Formel für massenmediale Kommunikation aus dem Jahr 1948 hat hier ausgedient. Lasswells Formel lautet: »Who says what in which channel to whom with what effect?«[5] Das »Who« und das »to whom« können nun alternierend entweder ein Mensch oder ein Roboter sein. Das macht die Formel komplizierter. Betrachten wir eine mögliche Rollenverteilung: Ich (*who*) tippe etwa im Facebook Messenger (*in which channel*) eine Frage (*what*) an den »WienBot« ein (*to which programme/software/bot*) und erhalte instantan eine Antwort im Messenger (*with which response*). Beobachteten wir bei den bisher diskutierten Automatisierungsbeispielen aus dem Roboterjournalismus, dass fast immer das menschliche »*Who*« der Lasswell-Formel, der Kommunikator, durch eine (semi-)intelligente Software »ersetzt« wurde, so ist es nun auch das »*to whom*«. In beiden Fällen wird Kommunikation entmenschlicht, der menschliche Kommunikator und/oder der menschliche Rezipient weicht/weichen der Software.[6]

Wie schon beim Roboterjournalismus muss auch bei Chatbots unterschieden werden zwischen simpleren Systemen, die zwar Sprache erkennen, aber bei ihren Antworten bloß auf fertige Wissensdatenbanken zurückgreifen (die natürlich permanent aktualisiert werden können), und komplexeren Systemen, die echte Dialoge erlauben.

Chatbots in Instant-Messenger-Diensten, vor allem im Facebook Messenger, sind wie erwähnt ein relativ junges Phänomen: Wurden im November

---

4) [SCI] Petter Bae Brandtzaeg, Asbjørn Følstad (2017): Why People Use Chatbots, In: Ioannis Kompatsiaris u.a. (Hg.): Internet Science. INSCI 2017, New York: Springer, S. 377–392, hier S. 377

5) [SCI] Harold D. Lasswell (1948): The Structure and Function of Communication in Society, In: Bryson, Lyman (Hg.): The Communication of Ideas. New York: Harper and Brothers, S. 37-51. Auf Seiten der Kommunikatoren unterscheidet Lasswell zwischen Manipulatoren und Technikern: »the first group typically modifies content, while the second does not« (ebenda, S. 43).

6) Eine Ausnahme: In einem Jux-Video aus dem Jahr 2016 kommuniziert gleich Maschine mit Maschine, in diesem Fall der Google Assistant mit Amazon Alexa: [MED] *https://de.wikipedia.org/wiki/Datei:Google_Home_vs._Amazon_Echo.webm*

2016 noch weltweit 34.000 Chatbots im Facebook Messenger gezählt, so waren es im Januar 2018 200.000. Alleine zwischen April 2017 und Januar 2018 hat sich die Anzahl der Chatbots verdoppelt.

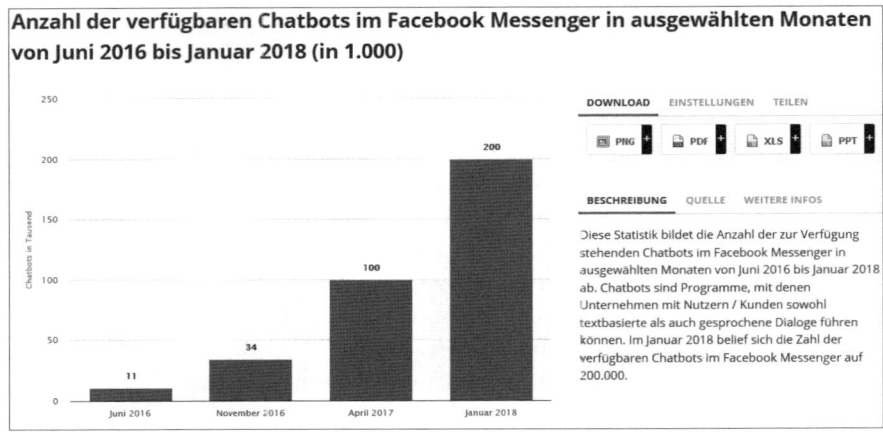

Abb. 6–1 Schnelles Wachstum von Chatbots im Facebook Messenger
Quelle: [SCI] Statista, *https://de.statista.com/statistik/daten/studie/662144/umfrage/ anzahl-der-verfuegbaren-chatbots-fuer-den-facebook-messenger*

WhatsApp, bekanntlich ebenfalls zu Facebook gehörend, bietet noch keine massenhaft genutzte und simple Möglichkeit für Chatbot-Implementierungen an. Jüngst gehen dennoch immer mehr Unternehmen dazu über, Chatbots gleich nicht nur im Facebook Messenger, sondern auch auf WhatsApp, Insta (nicht Instagram!)[7] und Telegram anzubieten.[8] Es gibt sogar neue Instant-Messenger-Buttons für das Abonnement dieser Bots und/oder Mobile-News-Dienste auf den vier Kanälen WhatsApp, Insta, Facebook und Telegram, die an die bislang übliche Reihe von Social-Media-Buttons erinnern.

---

7)   Insta ist eine Mobile-News-App des Unternehmens Pylba Inc.
8)   Für eine erste Übersicht deutschsprachiger WhatsApp-Chatbots siehe [MED] *https:// www.whatsbroadcast.com/de/content/chatbots-was-ist-eigentlich-ein-whatsapp-bot*

Abb. 6–2 Neue Instant-Messenger-Buttons für das Abonnement von Mobile-News-Diensten
und Bots
Quelle: [ECO] WhatsBroadcast/MessengerPeople

Werfen wir nun noch einen Blick auf die weltweite NutzerInnenstatistik von
Instant-Messenger-Diensten: WhatsApp wird monatlich weltweit von 1,3
Milliarden Menschen genutzt, der Facebook Messenger von 1,2 Milliarden
(Stand Januar 2018). Andere weltweit führende Messenger-Dienste sind pri-
mär auf dem asiatischen oder amerikanischen Markt relevant.[9]

---

9) Mitte 2017 wurde berichtet, dass auch *Amazon* einen eigenen Messenger namens Anytime
plant, siehe [MED] *https://t3n.de/news/amazon-anytime-amazon-messenger-838919*

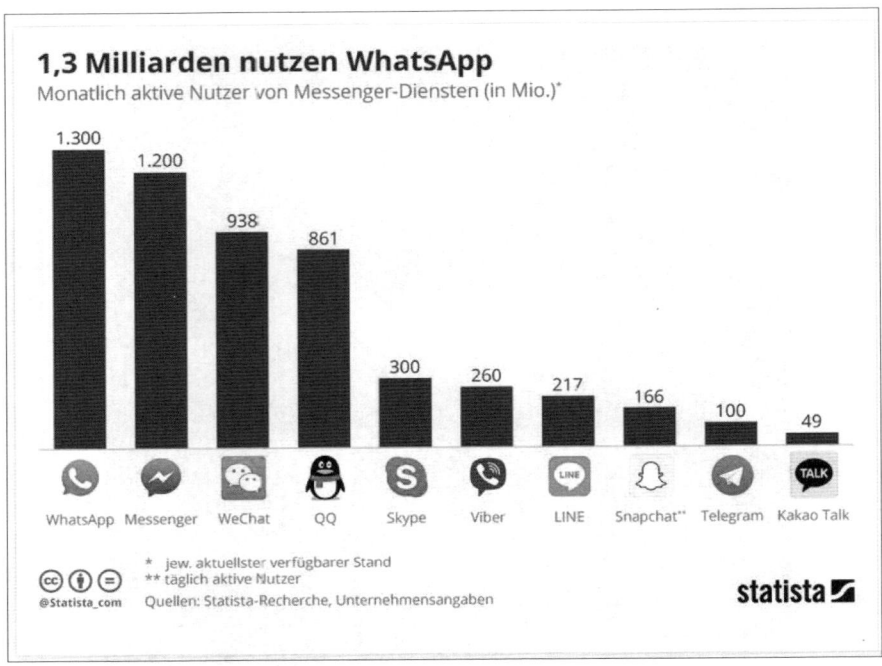

Abb. 6–3 Am häufigsten genutzte Instant-Messenger-Dienste (weltweit)
Quelle: [SCI] Statista, Stand Januar 2018, *https://de.statista.com/infografik/10309/ monatlich-aktive-nutzer-von-messenger-diensten*

Grundsätzlich ist nachvollziehbar, dass sich die Wirtschaft auf Chatbot-Kommunikation stürzt. Denn die Plattformen selbst sind kostenlos zu bespielen, es tun sich neue Distributionskanäle auf und es wird ein jüngeres Publikum erreicht. Mit Chatbot-Kommunikation ändert sich auch die Sprache, ändern sich die Narrative. Wie die folgenden Abbildungen zeigen werden, setzt sich der Trend zu immer kürzeren und damit leider auch zu immer kontextloseren Info-Happen (Microcontent) durch Chatbot-Kommunikation weiter fort. Wenn dann auch noch auf Links zu weiterführenden Informationen verzichtet wird (wenn der Sinn des Chats also selbstreferentiell nur darin liegt, möglichst im Chat zu bleiben), wird das Unterfangen medienpädagogisch fragwürdig. Zudem bieten viele Chatbots derzeit bloß Pseudo-Wahlfreiheiten an, d.h. der/die NutzerIn kann zwischen wenigen Reaktionsoptionen (Buttons) auswählen. Echte Fragen werden hingegen oft nicht verstanden.

»Nachrichten im Chatformat« verspricht etwa der Chatbot »Novi«, ein Gemeinschaftsprojekt von tagesschau und NDR. »Novi«, der Mitte Juli 2018 überschaubare 4.934 Likes auf Facebook hatte, ist eine Mogelpackung:

Es werden redaktionell vorgefertigte Nachrichten-Snippets versandt. Der/die Nutzer/in hat nur wenige Optionen zu echter Dialogizität. Man wird geduzt, Emojis werden inflationär eingesetzt. Mit einem öffentlich-rechtlichen Informations- und Bildungsauftrag hat dies auf alle Fälle nicht einmal mehr am Rande zu tun.

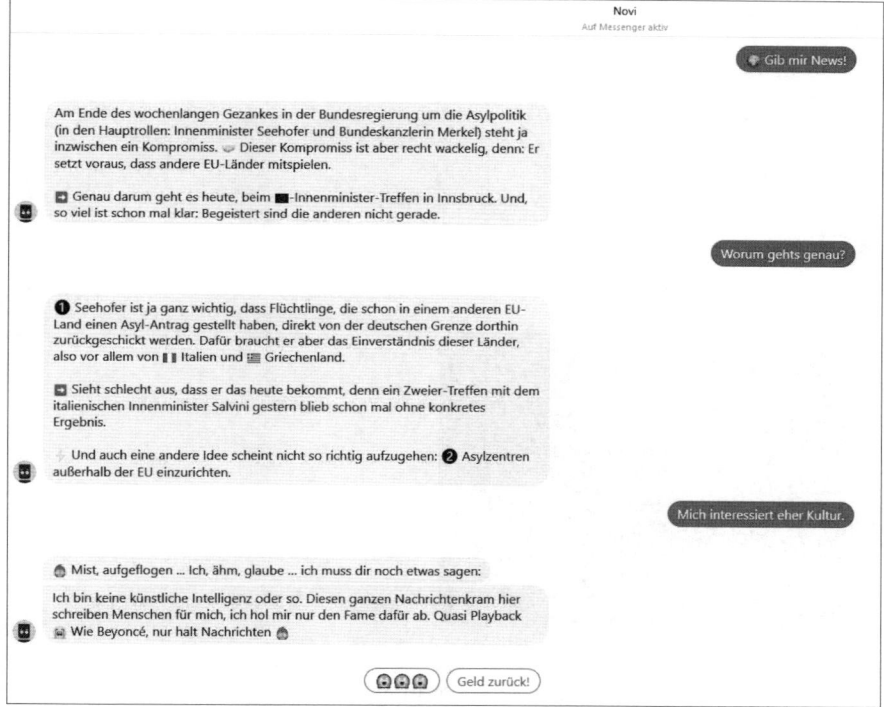

Abb. 6–4   Chatbot »Novi« stößt schnell an seine Grenzen
Quelle: [MED] Eigener Screenshot, Juli 2018

»Novi« erkennt immerhin, dass der Nutzer etwas will, das er nicht liefern kann. Die Standard-Antwort dafür lautet:

> *»Mist, aufgeflogen [...]. Ich bin keine künstliche Intelligenz oder so. Diesen ganzen Nachrichtenkram hier schreiben Menschen für mich, ich hol mir nur den Fame dafür ab.«*

(Quelle: Abbildung 6–4, unterer Teil)

»Novi« versteht derzeit nur wenige Befehle. Der folgende Screenshot zeigt überdies, dass Informationsqualität und Quellentransparenz nicht im Fokus stehen: Eine Quelle für das kurze Videoschnipsel »what are you talking about?« wird nicht angegeben. Man kann das Videoschnipsel nur löschen, weiterreichen oder eine Reaktion zu ihm abgeben. Dies ist offenbar auch als Zugeständnis an die junge Generation zu werten, der Urheberrechte und Quellenkritik egal sind.

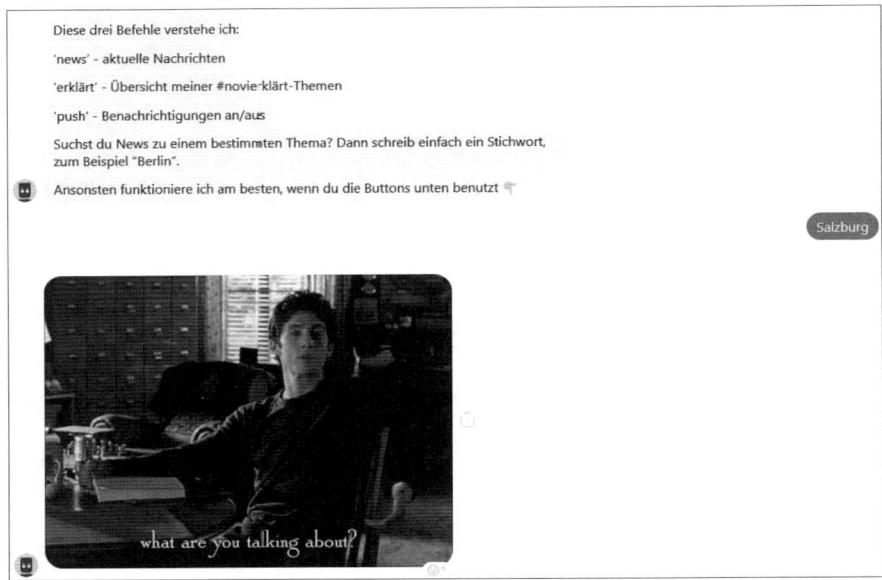

Abb. 6–5   Chatbot »Novi« verzichtet auf Quellenangaben bei eingespielten Videos
Quelle: [MED] Eigener Screenshot, Juli 2018

Interaktivität und Dialogizität werden auf wenige Reaktionsoptionen begrenzt. So entsteht eine Pseudo-Kommunikationssituation, die in der Summe wie eine Spielerei auf einem neuen Kanal wirkt – zum hohen Preis der eingebüßten Standards bei Informationsqualität, Quellenkritik und Kontextualisierungsleistung.

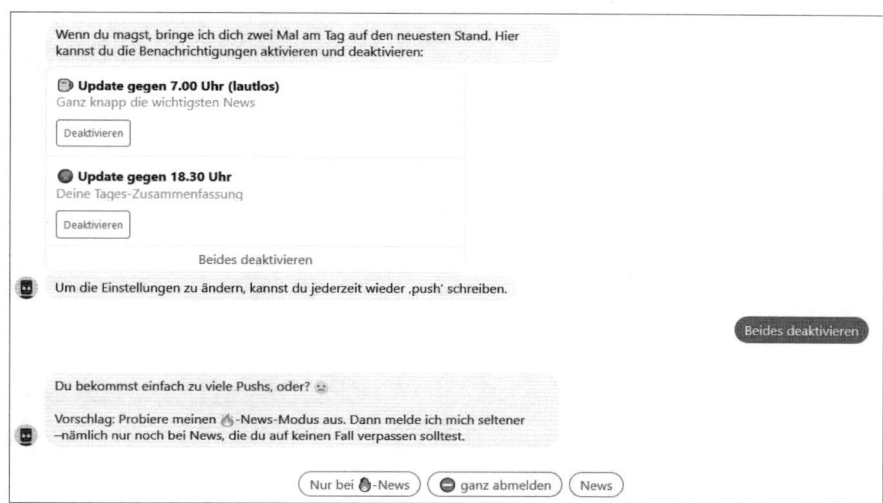

Abb. 6–6 Begrenzte Interaktivität im Chatbot »Novi«
Quelle: [MED] Eigener Screenshot, Juli 2018

Wenn alle Texte eines Chatbots redaktionell vorgetextet wurden bzw. dieser nur auf eine von Menschen verfasste Wissensdatenbank zugreift und wenn auch die NutzerInnen nicht wirklich kommunizieren können, handelt es sich meiner Auffassung nach um *Pseudo-Chatbots*.

Bei den beiden nächsten Beispielen handelt es sich zwar um richtige Chatbots, die menschliche Spracheingaben verstehen, aber auch hier existieren Grenzen des Wissens: Der preisgekrönte WienBot der Stadt Wien[10] weiß zwar, von wann bis wann Wiens Freibäder geöffnet haben. Er versteht aber die Frage nicht, wo die nächstgelegene Parkgarage neben dem Stephansdom ist.

---

10) *http://m.me/WienBot* und die Auszeichnung [ECO] *https://www.worldsummitawards.org/winner/wienbot-a-chatbot-for-the-city-of-vienna*. Auch *Retresco*, das Berliner Textgenerierungsunternehmen, wurde 2017 mit dem World Summit Award ausgezeichnet: [MED] *https://www.horizont.net/tech/nachrichten/Roboterjournalismus-Berliner-Start-up-Retresco-gewinnt-World-Summit-Award-der-Vereinten-Nationen-163047*

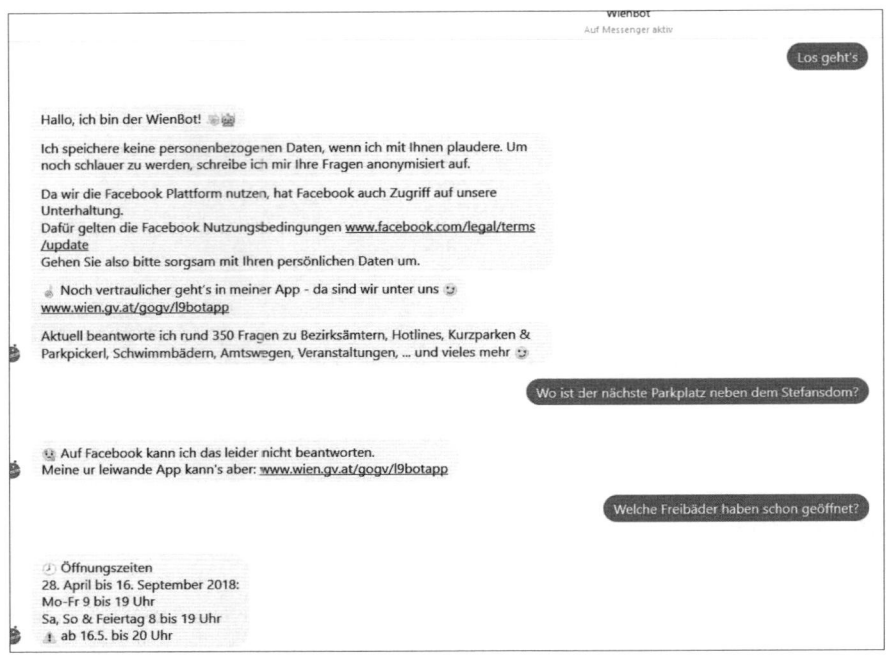

Abb. 6–7 Was der WienBot weiß und was er nicht weiß
Quelle: [MED] Eigener Screenshot, Juli 2018

Auch der Bild-»Chatbot«, eigentlich eher ein Nachrichten-Verbreitungsdienst im Messenger, hat so seine Verständnisprobleme. Auf meinen Wunsch nach Kulturstorys schlägt er mir eine Story über einen Listerien-Verdacht bei einem Tiefkühl-Gemüsemix der Discounterkette Lidl vor, und das gleich doppelt.

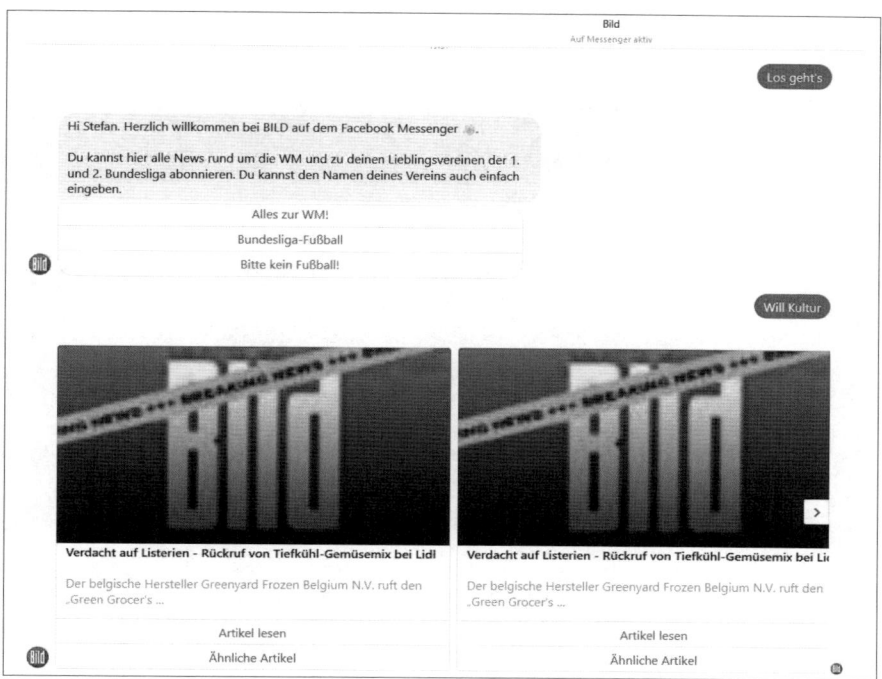

Abb. 6–8 Wie sich der Bild-»Bot« im Ressort irren kann
Quelle: [MED] Eigener Screenshot, Juli 2018

Ich gestehe, ich bin nun einigermaßen verwirrt. Der vermeintliche Megatrend Chatbot-Kommunikation im Facebook Messenger entpuppt sich als inhaltlich frustrierende Spielwiese. Habe ich bloß die falschen Bots getestet?[11] Doch »Novi« wurde 2018 sogar zu den »fünf kreativsten deutschen Chatbots im Facebook Messenger« gewählt.[12] Wo also sind die richtigen Best-Practice-Beispiele? Ich wende mich noch einmal an Frank Feulner von AX Semantics, jenem Stuttgarter Unternehmen, das richtige dialogische Chatbot-Lösungen verspricht und diese auch mit konkreten Handlungsanleitungen verknüpfen will. – Der erste richtige Chatbot, den ich sehe, ist somit paradoxerweise einer, den ich selbst nicht nutzen kann: Der »Reportbot« wurde exklusiv für einen Pilotkunden von AX Semantics entwickelt, ich muss also dem Unternehmen Glauben schenken.

---

11) Siehe etwa die Zusammenstellung [MED] *https://botlist.co*
12) Und dies immerhin vom Blog einer Software, dessen Autoren sich eigentlich auskennen müssten: [ECO] *https://blog.hubspot.de/marketing/chatbots-im-facebook-messenger*. Ein weiterer hier dekorierter Chatbot, der »ARAG Reiseassistent« (17 Likes), antwortet mir gar nicht.

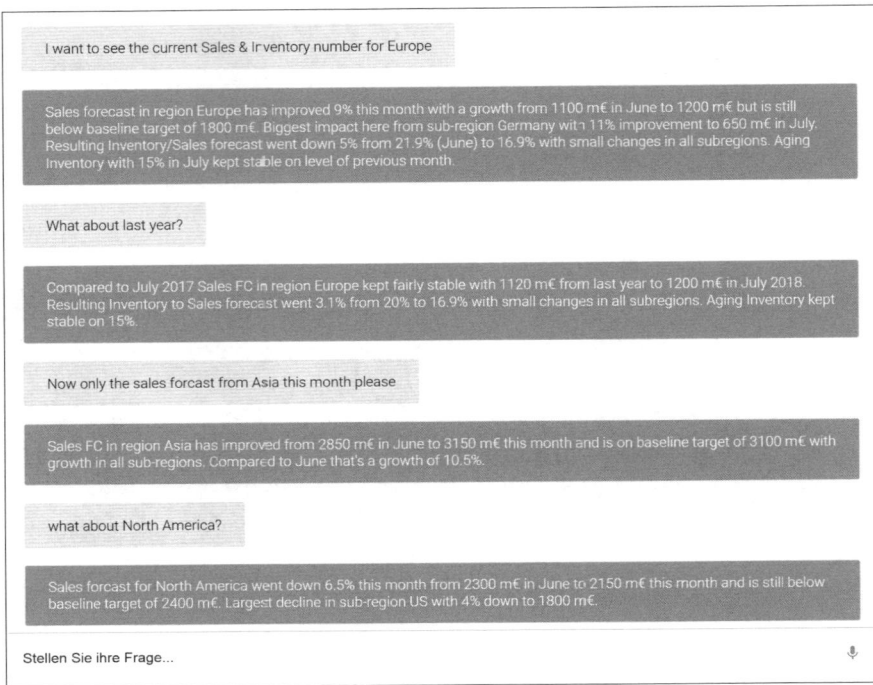

Abb. 6–9   Pilotkunden-Chatbot von AX Semantics
            Quelle: [ECO] Screenshot von AX Semantics, Juli 2018

Hier wird ein echtes Frage-Antwort-Spiel abgebildet. Davon scheinen die meisten Lösungen im Facebook Messenger meilenweit entfernt zu sein. Vielleicht wollte man dort ja auch die Entwicklerkosten möglichst gering halten. Der »Reportbot« kann Fragen basierend auf örtlicher, zeitlicher und sachlicher Eingrenzung verstehen und beantworten. Die Idee eines solchen »echten« Dialogsystems wurde von AX Semantics im Prototyp eines »Automotive Bots« weiterentwickelt. Frank Feulner, Chief Visionary Officer des Unternehmens, erklärt dazu:

> *»Der Automotive-Internet of Things-Prototyp ist mit einer Applikation verknüpft, die Fahrzustände ausliest und eine Fahrstilanalyse für den Fahrer erstellt. Mit dem Bot kann der Fahrer nun diskutieren, wie er seinen Fahrstil verbessern kann. Der Bot bietet auch eine Rückfrage-Ebene, die dem Anwender helfen soll, das Thema besser zu verstehen.«*[13]

---

13)   E-Mail-Interview mit Frank Feulner vom 13.07.2018

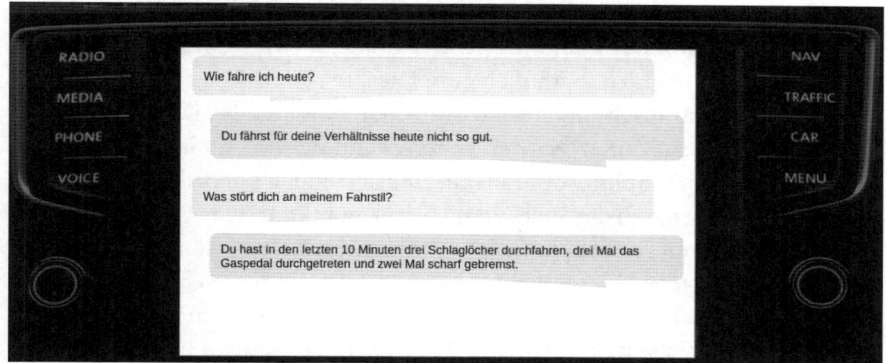

Abb. 6–10 Prototyp eines »Automotive Bot« von AX Semantics
Quelle: [ECO] Screenshot von AX Semantics, Juli 2018

Die Chatbots, die ich im Facebook Messenger getestet habe, verlinken nicht zum eigentlichen Produkt und betreiben keine *Conversion* der Kunden. Offensichtlicher Sinn und Zweck ist es also eher, zu testen, ob der Kanal überhaupt genutzt wird und ob Chatbot-Kommunikation in Messenger-Diensten viral werden kann. Soziodemografische Nutzerdaten zur Chatbot-Kommunikation in Messenger-Diensten sind mir noch keine bekannt. In einem Paper wird der »Nutzen- und Belohnungsansatz« verwendet, um zu erklären, warum Menschen Chatbots zur Kommunikation benutzen.[14]

Durchaus möglich ist, dass die nahe Zukunft sogar eher *Chatbots auf WhatsApp* gehört als Chatbots im Facebook Messenger. Ein Indiz dafür ist, dass schon jetzt zahlreiche Massenmedien (Print- und Fernsehmedien) News-Streams auf WhatsApp anbieten, die man kostenlos abonnieren kann. Wenn diese nun noch um das interaktive Moment (Storyauswahl, Regionalisierung durch Angabe der Postleitzahl usw.) erweitert werden, werden erste, wenn auch rudimentäre Bot-Funktionalitäten implementiert.[15]

Kommen wir nun zur zweiten Manifestation der Kommunikation mit Maschinen, die derzeit »hip« ist: zu *intelligenten persönlichen Assistenten*. Der Verfasser dieses Buchs machte seine ersten Bekanntschaften mit solchen Assistenten vor einigen Jahren auf seinem iPhone (Siri) und vor kurzem mit Microsofts ungebetenem Desktop-Gast Cortana. Meine erste intelligente Reaktion war, beide zu deaktivieren. Mittlerweile hat sich zumindest mein Verhältnis zu Siri entspannt. Siri ist ganz praktisch, wenn man unterwegs ist,

---

14) [SCI] Petter Bae Brandtzaeg, Asbjørn Følstad (2017): Why People Use Chatbots, In: Kompatsiaris I. u.a. (Hg.): INSCI 2017, S. 377–392
15) So etwa bereits WetterOnline, siehe [ECO] *https://www.wetteronline.de/messenger*. Auch Novi ermöglichte bereits den Erhalt regionaler Wahlergebnisse.

schnell mal Hunger hat und das Ansagen von »Italiener in der Nähe Bahnhof Salzburg« einfach praktikabler ist als das Googeln (wiewohl in so einem Fall auch das Google-Mikrofon ähnlich gute Dienste erweist).

Allerdings enttäuscht mich auch Siri regelmäßig und bis heute. So hat Siri etwa ihre Schwierigkeiten bei der Unterscheidung von Objekt- und Metasprache, um es sprachphilosophisch auszudrücken: Ich bat Siri, Herbert Grün zu suchen. Siri meldete, die Suche in meinen Kontakten sei negativ. Ich sprach auf: »Herbert Grün ist nicht in meinen Kontakten.« Den ersten Satzteil dieser Klarstellung wertete Siri als neuen Namen, den sie (es?) eben »in meinen Kontakten« zu suchen hatte. Die Antwort lautete dann durchaus philosophisch un- wie tiefsinnig: »Tut mir leid, aber ich kann ‚Herbert Grün ist nicht‘ nicht in deinen Kontakten finden.« Hier tut sich übrigens ein (gutartiger) infiniter Regress auf: Denn auch »‚Herbert Grün ist nicht‘ ist nicht« wäre nicht in meinen Kontakten usw.

> Herbert grün ist nicht in meinen Kontakten
>
> Zum Bearbeiten tippen >
>
> **Tut mir leid, aber ich kann „Herbert grün ist nicht" nicht in deinen Kontakten finden.**

Abb. 6–11 iPhone-Assistent »Siri« stößt an seine Grenzen. Quelle: Eigener Screenshot, Juni 2018

So weit zu einigen Limitierungen bei der Natural Language Interpretation (NLI). – Ein anderes Problem: Alles, was die *Smart Speaker* von Amazon (*Amazon Echo*) oder Google (*Google Home)* aufzeichnen, bleibt für unbekannte Zeit in der Datenwolke der Konzerne. Die Technologie ist noch so jung (deutsche Markteinführung von Amazon Echo im Oktober 2016; deutsche Markteinführung von Google Home im August 2017[16]), dass hier noch

---

16) Die Versuche von Facebook, einen eigenen Assistenten mit künstlicher Intelligenz in Form eines Chatbots zu entwickeln (Arbeitstitel »M«), sind fürs Erste auf Eis gelegt worden. [MED] *https://www.heise.de/newsticker/meldung/Facebook-schickt-KI-Assistent-M-in-Rente-3946521.html*

keine datenschutzrechtlichen Studien bekannt sind. Unerforscht ist im Moment auch noch, wie sich die interpersonelle Kommunikation, etwa in Familien, durch ein zwischengeschaltetes technisches Device wie einen »Smart-Home-Lautsprecher« mit einem Voice-Service wie Alexa oder Google Assistent ändert. Wer will schon wirklich »Ok, Google« sagen, bevor er den Auftrag erteilt, den Kühlschrank von sieben auf sechs Grad runterzudrehen oder ein Taxi zu rufen?[17]

Nun folgt noch ein kurzer Blick auf die dritte derzeit relevante Manifestation von Kommunikation mit Maschinen (und nicht mehr, wie früher: mit *Hilfe von* Maschinen), auf die so genannten *automatisierten Entscheidungen.* Hierbei handelt es sich um Entscheidungen, die mit Hilfe des Computers und ohne menschliche Intervention ausgeführt werden. Automatisierte Auswahloptionen im Callcenter wären so ein Beispiel, wenn am Ende der Kette eine vorweg aufgenommene Information steht und ein realer Mensch nicht mehr kommunizieren muss (etwa: Frage nach den Öffnungszeiten). Automatisierte Entscheidungen trifft die Software auch, wenn Multiple-Choice-Tests maschinell gelesen und automatisch bewertet werden. Ein menschlicher Korrektor ist dann nicht mehr erforderlich. Auch im Bereich des »LegalTech« wird es zunehmend um automatisierte Entscheidungen gehen.

Am spannendsten sind derzeit wohl Entwicklungen, die in Richtung *Biometrie* und *Stimmerkennung* bei automatisierten Entscheidungen gehen. Das deutsche Unternehmen Precire[18] etwa bietet Sprachanalysen von gesprochener Stimme an, die in Recruitment-Verfahren dabei hilfreich sein können, Psychogramme von BewerberInnen zu erstellen. Die BewerberInnen unterhalten sich dann beim Erstgespräch nicht mehr mit realen Menschen, sondern mit der Software.[19] An einer australischen Universität ist gleich ein »Social Robot« für das »Kandidaten-Profiling« in Arbeit.[20] Personal-Verantwortliche loben Softwarelösungen für die Erstselektion, weil diese eben objektiv und nicht korrumpierbar seien. Für die Betroffenen mag dies anders ausse-

---

17)   Dass etwa Amazon Echo oder Google Home als freiwillig installierte Zimmerwanzen missbraucht werden könnten, davor hat die Dokumentation »Hysterie ums Netz« (Regie: Katarina Schickling, Deutschland, 2017), die u.a. zu Besuch bei einer voll vernetzten Familie in ihrem »Smart Building« war, jüngst eindrücklich gewarnt: [MED] *https:// www.youtube.com/watch?v=yZfWdGRyw1A.* – Wer möchte schon, dass ein amerikanischer Konzern mithört, wenn es einen lauten Familiendisput gibt? Siehe dazu auch »I Know Everything About You!« (2015): [ECO] *https://securityintelligence.com/i-know-everything-about-you-the-rise-of-the-intelligent-personal-assistant*
18)   [ECO] *https://www.precire.com/de*
19)   [MED] *https://www.n-tv.de/mediathek/videos/panorama/Wenn-der-Computer-das-Bewerbungsgespraech-fuehrt-article20388774.html*
20)   [SCI] *https://www.latrobe.edu.au/reccsi/research/human-resource-management*

hen: Man hat vielleicht das Gefühl, als Humankapital und nicht als Mensch im sozialen Kontext gesehen zu werden, wenn man zunächst mit einem Computer kommunizieren muss. An Schulen und Universitäten ist das Praktikabilitätsargument von automatisierten Multiple-Choice-Test-Auswertungen insofern gefährlich, weil Multiple-Choice-Tests sehr oft dazu führen, dass Wissen komplett vom Kontext entbunden und somit nicht mehr verstanden wird und angewandt werden kann.

Noch eine Bemerkung: Im Kapitel über Roboterjournalismus sind uns richtige Roboter als artifizielle Körper, wie wir sie etwa aus der Matrix-Trilogie und aus Tausenden anderen Science-Fiction-Filmen kennen, nicht untergekommen. Die Roboter-Kollegen der schreibenden Zunft, die Schreibroboter entpuppten sich als schnöde Templates im Code, als für den Laien undurchschaubare mathematische Gleichungen und als so genannte schwache künstliche Intelligenz, vor allem in Form von rekurrenten neuronalen Netzen. Auch sehen weder die Chatbots noch die intelligenten persönlichen Assistenten wie Roboter aus: Chatbots haben höchstens einen menschenähnlichen Avatar, und intelligente persönliche Assistenten sehen aus wie Lautsprecher.

Damit soll aber nicht übersehen werden, dass es selbstverständlich auch immer wieder Versuche gab und gibt, Spracherkennung und Sprachgenerierung mit dem Design von »echten« Robotern zu verbinden. Als ein aktuelles Beispiel dient der berühmt gewordene Roboter Sophia von *Hanson Electronics*. Wie ein Video[21] zeigt, ist die vielgerühmte Sophia allerdings kontextagnostisch: Der Roboter, der unlängst auch der deutschen Bundeskanzlerin Angela Merkel einen inszenierten »Dialog« wert war[22], steht stumm und dämlich rum, bevor er angesprochen wird und auch nachdem die Konversation beendet wurde. Hier ist – wie man so schön sagt – noch Luft nach oben, siehe auch das Kapitel 9 hier im Buch »Die Automatisierung von allem?«.

---

21) [ECO] *http://www.hansonrobotics.com/robot/sophia*
22) [MED] *https://diepresse.com/home/ausland/aussenpolitik/5454943/Merkels-seltsamer-Plausch-mit-Roboter-Sophia*

6.2 Social Bots, Meinungsroboter und automatisierte Accounts

>*»Bots seien zwar laut, aggressiv und könnten das Diskussionsklima verändern – ihr tatsächlicher Effekt auf die Gesellschaft sei aber bislang unerforscht.«*[23]

Chatbots in Instant-Messenger-Diensten wie Facebook Messenger, Whats-App, Insta oder Telegram; *intelligente persönliche Assistenten* wie Siri, Alexa, Cortana oder Google Assistant; *automatisierte Entscheidungen* etwa von Prüfungsauswertungs- oder Recruiting-Software – das sollen also die »guten« Varianten der Kommunikation mit Maschinen gewesen sein. Doch auch hier zeigten sich bereits einige Schattenseiten:

Wie ich sehen musste, verkürzen Nachrichten-Chatbots in Messenger-Diensten Botschaften oft auf gefährliche Weise und ignorieren Quellenangaben. Zudem verstehen sie häufig unsere Wünsche einfach noch nicht. Intelligente persönliche Assistenten können als »Spionage-Software« missbraucht werden und ändern die interpersonelle Kommunikation auf noch unerforschte Art und Weise. Und automatisierte Software-Entscheidungen können Situationen entmenschlichen und entfremden, bei denen bislang Zwischenmenschlichkeit eingeübt war. Das heißt nun nicht, dass alle Chatbots letztlich Teufelszeug seien, sondern lediglich, dass ein kritischer Blick gerade am Anfang technologischer Revolutionen immer vonnöten ist. Und unser NutzerInnenverhalten kann bis zu einem gewissen Grad noch mitbestimmen, wohin die Reise geht: Wenn keiner mehr Smart Speaker kauft, werden sie vom Markt verschwinden. Und womöglich sind Chatbots im Facebook Messenger auch nur ein schnell vergänglicher Hype wie vor einigen Jahren »Second Life«. Ich halte es aber dennoch für wahrscheinlicher, dass Unternehmens- und News-Chatbots rasend schnell WhatsApp und den Messenger erobern werden. Und das wird dann über Autowerkstatt- und Zahnarzt-Terminvereinbarungen und Experimente wie »Novi« weit hinausreichen.

Die Existenz einer expliziten Schattenseite der automatisierten Maschinenkommunikation verbreitet sich seit einigen Jahren massenmedial wie ein Lauffeuer: Die Rede ist von der »*Invasion der Meinungsroboter*«[24]. Man hört auch von *Social Bots, automatisierten Accounts, Spambots, Twitter*

---

23) chip.de zitiert den Politologen und Bots-Experten Simon Hegelich: [MED] *https:// www.chip.de/news/Im-Wahlkampf-verboten-Nur-eine-deutsche-Partei-setzt-auf-Social-Bots_102198119.html*

24) [SCI] Simon Hegelich (2016): Invasion der Meinungs-Roboter, Kurzstudie für die Konrad-Adenauer-Stiftung, *http://www.kas.de/wf/doc/kas_46486-544-1-30.pdf*

Bots, Instagram Bots, Bot Accounts, Fake Follower, Fake User, Trollfabriken, Trollarmeen, Troll Accounts, Meinungsrobotern und *automatisierter Meinungsmache* (allesamt Begriffe aus der massenmedialen Berichterstattung seit 2016). – Meinen alle Begriffe dasselbe Phänomen? Zunächst wieder eine Definition: Im Gegensatz zu *Chatbots* geben *Social Bots* in der Regel eine menschliche Identität vor und verbergen somit ihre Identität als Computerprogramm.[25] Im politischen Kontext geht es dabei immer um die Beeinflussung der öffentlichen Meinung via soziale Medien – das ist das wesentliche Unterscheidungsmerkmal zu Chatbots.[26] Da es in diesem Buch um die Automatisierung der Informationsproduktion und der Kommunikation geht, stehen alle von Menschen gemachten Fake-Accounts, -Identitäten, -News und -Bewertungen nicht im Fokus. Allerdings gibt es zumeist Hybrid-Formen, was die Analyse schon schwieriger macht: Fake-Accounts können massenhaft auch von einem menschlichen Team ins Leben gerufen worden sein und dann automatisiert via Bots auf Facebook oder Twitter aktiv sein, also automatisiert teilen, liken, retweeten oder selbst twittern usw.

Der Bots-Experte und Informatiker Christian Grimme von der Universität Münster bemerkt dazu:

> *»Insgesamt ist es nicht einfach – vielleicht in den meisten Fällen sogar unmöglich –, einen Account explizit als klassischen Social Bot-Account auszuweisen. Wir glauben vielmehr, dass die meisten Accounts hybrid genutzt werden. Das hat auch für den Betreiber den Vorteil, dass eine individuelle Detektion in der Regel nicht eindeutig ausfallen kann. Methoden wie Botometer (ehemals BotOrNot) scheitern dann leicht an dem zusätzlichen menschlichen Verhalten; die Ergebnisse werden schließlich einfach ungenau und weniger aussagekräftig.«*[27]

---

25) Freilich ist diese Unterscheidung nicht trennscharf, denn auch Chatbots geben mitunter menschliche Identitäten vor und beim Turing-Test geht es ja genau darum, dass sich Chatbots nicht von realen Menschen unterscheiden lassen sollen, siehe etwa
[SCI] *http://www.reading.ac.uk/news-and-events/releases/PR583836.aspx* und
[MED] *https://www.heise.de/newsticker/meldung/Eugene-und-der-angeblich-bestandene-Turing-Test-So-einfach-nun-dann-doch-nicht-2218151.html*
26) Vgl. auch [SCI] Simon Hegelich (2016): Ebenda, S. 2
27) E-Mail-Interview vom 12.07.2018

Und weiter:

> »*In unseren Untersuchungen haben wir zwar ‚eindeutige' Profile identifi-*
> *ziert, die Social-Bot-Aktivität aufwiesen. Es waren aber in der Regel*
> *Accounts, die nach unserer Einschätzung nur zeitweilig, also z.B. für den*
> *Zeitraum der Bundestagswahl 2017, auch (also neben normaler ‚mensch-*
> *licher' Nutzung) für die automatisierte Verbreitung von Inhalten verwen-*
> *det wurden. So waren dies z.B. Accounts der Partei Freie Wähler auf*
> *Twitter (Accounts von Regionalverbänden oder Ortsverbänden), die für*
> *zwei Wochen zur Verbreitung von Wahlwerbung benutzt wurden.*«[28]

Heißt das nun, dass die Aktivitäten von Social Bots womöglich insgesamt überschätzt werden? Oder heißt das nur, dass wir im Moment noch über keine geeigneten Detektionsprogramme verfügen, um einen (wenn auch partiell aktiven) Bot von einem Nicht-Bot klar unterscheiden zu können?

Die Situation erinnert an Antiplagiatssoftware, als diese noch in den Kinderschuhen steckte. Mittlerweile sind Systeme wie etwa *Turnitin* im akademischen Alltag unverzichtbar geworden, weil sie auf Milliarden von Webseiten zugreifen können, die nicht mehr online sind und nur über das Internet Archive (Wayback Machine) rekonstruiert werden können. Wird Social-Bot-Detektionssoftware eine ähnliche Karriere machen? Ich habe einen Test durchgeführt und ließ eine bekennende Social-Bot-Seite mit dem Botometer prüfen.

Unter dem Motto »Alle zwei Stunden ein Tweet« taucht der »Kaputtmachbot« auf einer einschlägigen Liste deutschsprachiger Twitter Bots auf, übrigens eine harmlose Wortspielerei in Variation eines immer gleichen Slogans mit nur 54 Followern (Stand Juli 2018).

---

28) E-Mail-Interview vom 12.07.2018

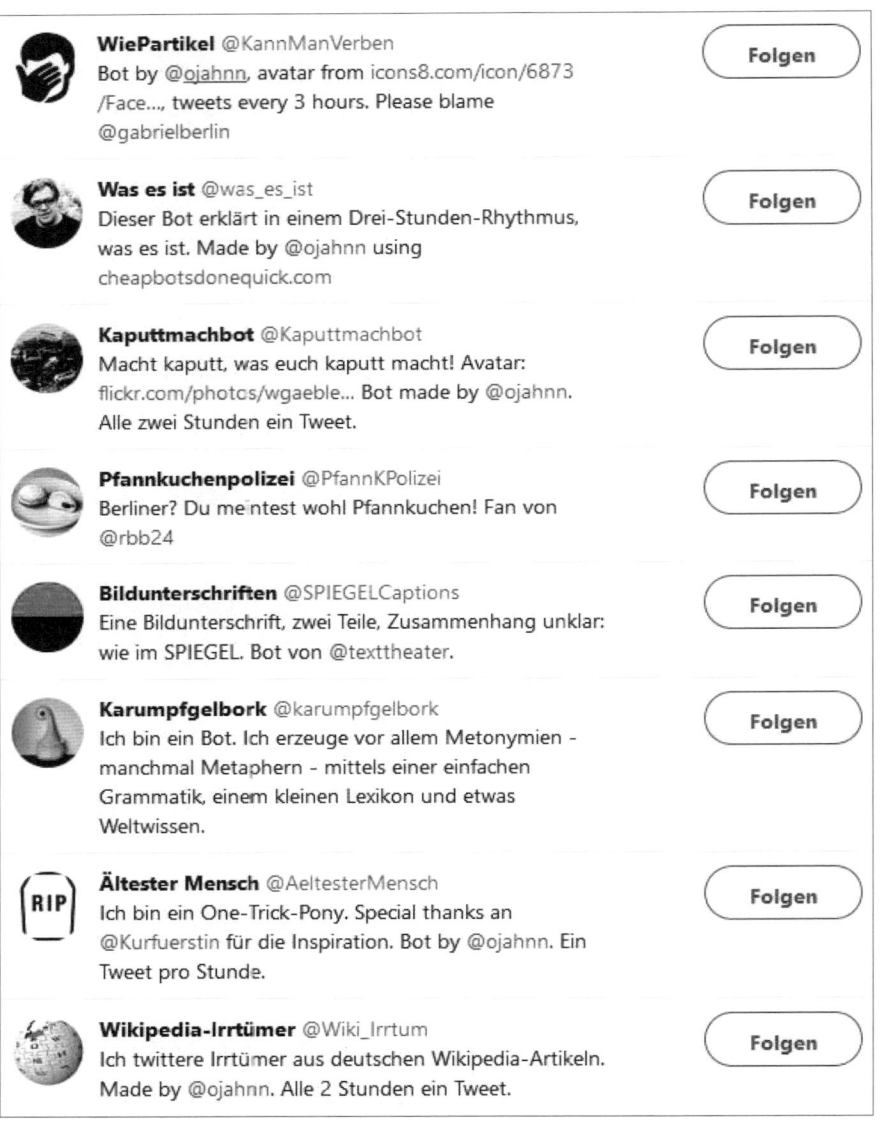

Abb. 6–12 Auszug aus einer Liste deutschsprachiger bekennender Twitter Bots
Quelle: [MED] *https://twitter.com/ojahnn/lists/deutsche-twitterbots/members,* Juli 2018

Selbst dieser Social Bot, der sich selbst als solcher ‚outet' und dessen Tweets eine endlose Rekombinanz des Satzes »Mach' kaputt, was Dich kaputt macht!« sind, wird vom Botometer nicht erkannt. Er attestiert dem »Kaputtmachbot« eine »Complete Automation Probability« von 9 Prozent.

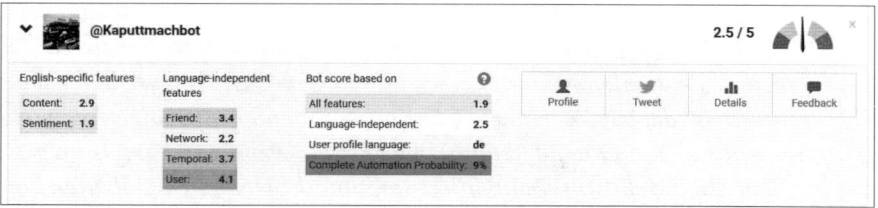

Abb. 6–13 Der »Kaputtmachbot« im Botometer-Test
Quelle: [SCI] *https://botometer.iuni.iu.edu/#!/*, Juli 2018

Noch einmal sei betont, dass das nun nicht heißt, dass die ganze Diskussion um Social Bots – primär auf Twitter, sekundär mittlerweile auch auf Instagram – eine bloße Übertreibung oder Medieninszenierung ist. Die Rolle von Social Bots in der Russland-Politik (Annexion der Krimhalbinsel, Konflikt um die Ukraine) oder im vergangenen US-Wahlkampf zwischen Donald Trump und Hillary Clinton wurde vielfach wissenschaftlich untersucht.[29] Eine Studie aus dem März 2017 kam nach Analyse von 14 Millionen Twitter-Accounts zu dem Schluss, dass zwischen 9 und 15 Prozent der aktiven Accounts Bots sind.[30] Wenn Sie also auf Twitter 150 Accounts folgen[31], würden Sie im statistischen Durchschnitt zwischen 14 und 23 Bot-Accounts folgen.

Das Problem der Invasion von Social Bots ist nun nicht, dass deren kommunizierte Ansichten 1:1 von den Social-Media-Usern übernommen werden würden und so Trends verstärkt oder geschwächt werden könnten. Eine solche direkte, starke Medienwirkung wurde in Social-Media-Kanälen bislang nicht beobachtet. Es handelt sich vielmehr um ein Problem zweiter Ordnung: Massenhaft choreografierte Social Bots – etwa deren automatisierte Verbreitung durch Trollfabriken – können ein Zerrbild in den Social-Media-Kanälen ergeben, das in der Folge von den Social-Media-Analysewerkzeugen aufgenommen und weiterkommuniziert wird. Meines Erachtens ist dies der wichtigste Aspekt in der gesamten Wirkungsdebatte um die Social Bots (der so genannte »Bot-Effekt«) – eine mögliche Trendverstärkung durch die Rezeption von falschen Analysen seitens der Politik:

29) [SCI] Simon Hegelich (2016): Invasion der Meinungs-Roboter, Kurzstudie für die Konrad-Adenauer-Stiftung, *http://www.kas.de/wf/doc/kas_46486-544-1-30.pdf*
30) [SCI] Onur Varol, Emilio Ferrara, Clayton A. Davis u.a. (2017): Online Human-Bot Interactions: Detection, Estimation, and Characterization, *https://arxiv.org/pdf/1703.03107.pdf*
31) Ich verwende hier die Zahl meines eigenen Twitter-Accounts *https://twitter.com/antiplag*

» Während man [...] in Deutschland noch relativ zurückhaltend agiert, hat sich die politische Social Media-Analyse international bereits zu einem bedeutenden Markt entwickelt, auf dem sich Akteure wie Civics Analytics (derzeit für Hillary Clinton aktiv) und Cambridge Analytica (im Auftrag von Donald Trump) engagieren. Wenn nun Trends im großen Stil durch Bots manipuliert sind und Bots in allen Debatten von Bedeutung mitmischen [...] – dann liegen diese Analysen im harmlosesten Fall einfach daneben. Im schlimmsten Fall verleiten sie aber Politiker dazu, in ihren Statements oder sogar in ihrer Politik auf solche Trends einzugehen, wodurch die Position, für die die Bots stehen, unter Umständen einen Zuspruch erhält, den die Bots alleine nicht erreicht hätten.«[32]

Um ein Netz von Social Bots ins Leben zu rufen, muss man nicht in einer »Trollfabrik« arbeiten.[33] Ganz ohne ins Darknet abzugleiten oder sich auf (halb-)kriminelle Pfade begeben zu müssen, kann man sowohl registrierte Nutzer-Accounts als auch Bots-Software »bequem« im Netz bestellen bzw. downloaden. Da es kein Verbot von Social Bots gibt, ist das auch nicht illegal.

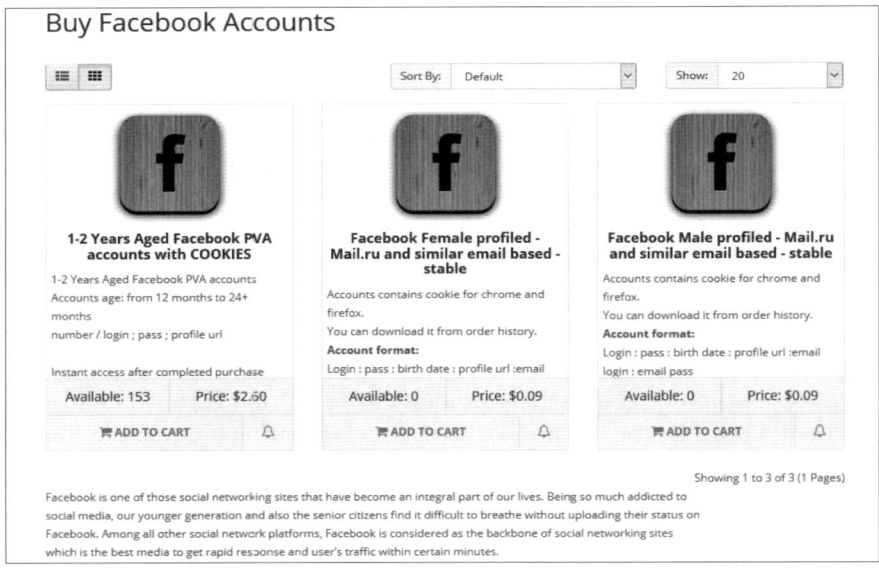

Abb. 6–14 Käufliche Facebook-Accounts beim Account-Händler. Quelle: [ECO] *https:// pandasmm.com/buy-social-accounts/buy-facebook-accounts*, Juli 2018

---

32) [SCI] Simon Hegelich (2016): Invasion der Meinungs-Roboter, Kurzstudie für die Konrad-Adenauer-Stiftung, *http://www.kas.de/wf/doc/kas_46486-544-1-30.pdf*, S. 3

33) [MED] *https://de.wikipedia.org/wiki/Troll-Armee*, 14.07.2018

Der Händler aus Litauen bietet laut Eigenangaben in seinem Online-Shop neben registrierten E-Mail-Accounts und Mobiltelefonnummern auch registrierte Accounts für Facebook, Instagram, LinkedIn, Pinterest, Soundcloud, Tumblr, Twitter und YouTube an. 1.573 Twitter-Accounts aus den USA samt Fotos waren etwa am 14.07.2018 zu erwerben. Mit ein wenig Geschick ist damit der Grundstein für eine Fake-Kampagne in den sozialen Medien schnell gelegt.

Auch nach Funktionsweisen von Bots und Download-Links für Bots zur viralen Verbreitung der Nachrichten muss man nicht lange suchen.

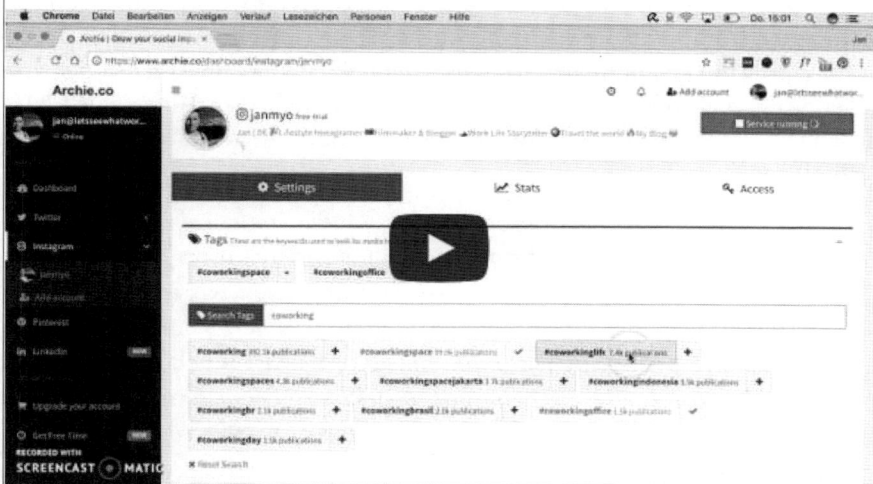

Abb. 6–15 Anleitung für einen Instagram-Like-Bot
Quelle: [ECO] *https://letsseewhatworks.com/automatisiert-reichweite-instagram-bots*,
Juli 2018

Mit Zugang zum API (Application Programming Interface) des jeweiligen sozialen Mediums ist es damit möglich, schnell eine perfekte Simulation zu konstruieren. Bislang lag der Fokus nur auf möglichen indirekten Auswirkungen solcher Simulakren auf die öffentliche Meinung, wie oben beschrieben. Was aber, wenn Wirtschaftstreibende solche Kampagnen starten – nicht etwa, um sich selbst zu bewerben, sondern um MitbewerberInnen zu schaden? – Einen diesbezüglichen irritierenden Versuch hat eine Forschungsgruppe an der University of Chicago 2017 unternommen: Mit Hilfe rekurrenter neuronaler Netzwerke wurde eine Software darauf trainiert, automatisch generierte Restaurant-Fake-Reviews zu verfassen. Das Experiment ergab, dass diese computergenerierten Reviews von den von Menschen verfassten Bewertungen nicht zu unterscheiden waren.[34]

Generated with *temperature* 1.0

DO NOT WASTE YOUR TIME AND MONEY! The absolute worst service I have ever experienced. This place is a joke. The waitress was rude and said she would put the manager to come out but never happened. I wish I could give zero star.

Abb. 6–16 Automatisch generierte Restaurant-Fake Review
Quelle: [SCI] Yuanshun Yao, Bimal Viswanath, Jenna Cryan u.a. (2017): Automated Crowdturfing Attacks and Defenses in Online Review Systems. *https://people.cs. uchicago.edu/~ravenben/publications/pdf/crowdturf-ccs17.pdf*, S. 13

Bolun Wang, Forscher und Doktorand an der University of Chicago, gab mir nähere Auskünfte zu diesem Experiment: Das rekurrente neuronale Netzwerk wurde mit einem Review-Datensatz von 4,1 Millionen Rezensionen von einer Million Rezensenten trainiert. Wang beschreibt den Unterschied zwischen templatebasierter Textgenerierung und rekurrenten neuronalen Netzen (RNN) so:

> »*Most traditional approaches try to build statistical models around words and phrases. They try to understand the frequency of phrases, the correlation of phrases, their co-occurrence, etc. RNN works in a very different way. It is able to process the raw stream of characters directly without pre-processing text into phrases or words. When using RNN to generate text, RNN also outputs a stream of characters. Therefore, in some way, RNN is ‚writing‘ instead of putting together existing phrases.*«[35]

---

34) [SCI] Yuanshun Yao, Bimal Viswanath, Jenna Cryan u.a. (2017): Automated Crowdturfing Attacks and Defenses in Online Review Systems, *https://people.cs.uchicago.edu/ ~ravenben/publications/pdf/crowdturf-ccs17.pdf*
35) E-Mail-Interview mit Bolun Wang, University of Chicago, 22.06.2018

Der wichtigste Satz aus dem Interview aber lautet: »We are not aware of any real attack using our technique.« (Stand Juni 2018) – Noch nicht? Es wäre doch ein *Dirty Online Reputation Campaigning* denkbar, bei dem der/die MitbewerberIn mit automatisch generierten negativen Kundenbewertungen vom Markt gedrängt werden soll. Vielleicht wird die Technik sogar schon angewandt, und wir wissen es noch nicht bzw. können es nicht entdecken, eben weil sich die automatisch generierten Texte wie die von Menschen geschriebenen lesen?

Ich fasse zusammen: *Social Bots* sind in zumindest zwei Einsatzszenarios eine Bedrohung für die Gesellschaft: *Politisch* betrachtet können sie in sozialen Medien die öffentliche Meinung beeinflussen, und dieses (von Bots dann mitkonstruierte) Meinungsbild kann in Social-Media-Analysen eingehen und so zum Gegenstand von politischen Entscheidungen auf falscher Datenbasis werden. *Wirtschaftlich* betrachtet kann die Produktion automatisierter Kundenbewertungen und deren Distribution durch Bots (etwa auf Yelp, Google u. a.) nicht nur dazu benutzt werden, falsche Kaufanreize zu vermitteln, sondern auch dazu, um MitbewerberInnen mit einer Negativkampagne zu überziehen.

Es stellt sich spätestens hier die Frage nach einer gesetzlich verankerten *Kennzeichnungspflicht* von Social Bots.[36] Überdies kann man auch über deren gänzliches *Verbot* nachdenken.[37] Freilich gäbe es auch hier wieder das Problem der »False Positives«[38]. Mir erscheint es eher wichtig, zuerst (und möglichst rasch) eine solide empirische Datengrundlage zu schaffen, denn diese scheint im Moment noch zu fehlen. *Erstens* fehlen in der Debatte bislang klare Zahlen zu – rein zu politischen Zwecken eingesetzten – Social Bots in Deutschland, Österreich oder der Schweiz. *Zweitens* fehlt die kommunikationswissenschaftliche Grundlage zur möglichen Wirkung von Social Bots, obwohl die Theorieansätze dafür da sind (Agenda Setting, Multi-Step Flow of Communication). Ohne solide Studien wird der Gesetzgeber nicht entscheiden können – außer, es geht ihm auf eher spekulativer Basis bloß um

---

36) Siehe [MED] *https://www.mz-web.de/sachsen-anhalt/internet-minister-wollen-kennzeichnungspflicht-fuer--social-bots--27802008 und* [MED] *https://www.heise.de/newsticker/meldung/Justizminister-Darknet-ausleuchten-Social-Bots-kennzeichnen-Whistleblower-schuetzen-3886949.html*

37) Siehe [MED] *http://www.spiegel.de/netzwelt/netzpolitik/social-bots-laender-wollen-gegen-meinungsroboter-im-internet-vorgehen-a-1130937.html*

38) »False Positives« ist ein Begriff aus der Sozialforschung und Statistik und bezeichnet die falsche Zuordnung von Objekten oder Sachverhalten zu einer Klasse, hier etwa zu Bot oder Nicht-Bot.

Selbstschutz.[39] *Drittens* muss an der Software-Erkennung nicht nur von Social Bots, sondern von automatisch erzeugter Information generell gearbeitet werden.[40]

Ich stelle abschließend drei Fragen zur Diskussion:

1. Müssen automatisch generierte Informationen sowie deren automatisierte Verbreitungen gekennzeichnet werden, etwa durch ein **AUTO**-Symbol oder ein Zeichen wie etwa ein Ⓐ oder ein ◯ als Symbol für Selbsterzeugung? Braucht es am Ende eine gänzlich neue Nomenklatur und Symbolsprache wie bei den Creative-Commons-Lizenzen?
2. Sollen Social Bots per Gesetz verboten werden? National, auf EU-Ebene oder gleich weltweit?
3. Soll in die Entwicklung von Software investiert werden, die von Menschen verfassten Content von automatisch generiertem Content sowie menschliches Verhalten von Bot-Verhalten zu unterscheiden vermag?

Die in diesem Buch geschilderten Content-Automatisierungsbestrebungen der »Big Five« – von »Facebook Erinnerungen«-Videos bis zu Googles Knowledge Graph –, dann weiter Roboterjournalismus, automatisierte Texte im E-Commerce, Chatbots in Messenger-Diensten und Social Bots auf Twitter und Instagram sind wohl eher nicht als bloß vorübergehende Phänomene zu werten. Sinn dieses Buchs ist eine Zusammenschau, eine konvergente Sicht auf all diese Phänomene zum Zeitpunkt 2018: Dann muss klar werden, worin der Unterschied zur bisherigen digitalen Automatisierung liegt. Die bisherigen Software-Werkzeuge dienten der automatisierten Unterstützung unserer Inhalte-Produktion – von der Rechtschreibkorrektur von Microsoft Word bis zur Google-Websuche. Nun soll die Software die Inhalte-Produktion und -distribution *selbst* übernehmen. Worin besteht

---

39) Ein Thesenpapier des deutschen Bundestags auf Basis von Experteninterviews – und ohne Teilnahme von Vertretern von Facebook, Twitter, Amazon und Microsoft – ist hier nachzulesen: [SCI] *http://www.tab-beim-bundestag.de/de/aktuelles/20161219/Social%20Bots_ Thesenpapier.pdf*

40) Die bislang zur Verfügung stehenden Tools *Botometer* ([SCI] *https://botometer.iuni.iu.edu*) und *Debot* ([SCI] *http://www.cs.unm.edu/~chavoshi/debot*) wurden zwar jeweils mit zahlreichen Erkennungskriterien gefüttert, scheitern aber noch sehr häufig in Praxistests. – Um echte Kundenbewertungen von *Fake Reviews* zu unterscheiden, wurden bereits ähnlich vorgehende kommerzielle Anwendungen entwickelt. Zwei Beispiele sind *Fakespot* ([ECO] *https://www.fakespot.com*) und *ReviewMeta* ([ECO] *https://reviewmeta.com*). *Fakespot* soll angeblich auch »Rezensionen, die automatisch von einer Software generiert werden«, erkennen, siehe [MED] *https://www.buchreport.de/2016/02/12/daumen-hoch-oder-runter.*

dann weiter unsere Aufgabe? Wie im klassischen Industriezeitalter möchte man antworten: in der Steuerung der (Eigenproduktion der) Maschinen. Was aber, wenn die neuen digitalen Maschinen uns diese Aufgabe auch noch abnehmen werden?[41]

---

41) Man kann dies auch bei den Kybernetikern und Konstruktivisten nachlesen: von Heinz von Foersters »nicht-trivialer Maschine« bis hin zu Gotthard Günthers Vision des »Bewusstseins der Maschinen«.

7 Automatisierte Kommunikation und die neue Kommunikationswissenschaft

> *» Nicht der Autor produziere den Text,*
> *sondern der Text bringe sich selbst hervor –*
> *als Wiederholung anderer Texte. «*
>
> Fotis Jannidis u. a., Julia Kristeva interpretierend[1]

Die Kommunikationswissenschaft ist von der Automatisierung der Kommunikation in zweierlei Hinsicht betroffen:

1. Mit *Chatbots, Social Bots, intelligenten persönlichen Assistenten* und *automatisch generierter Multimedia* gibt es neue »Materialobjekte«, also neue Untersuchungsgegenstände für die Kommunikationswissenschaft. Die Entwicklungen sind sehr jung; Smart Speaker von Amazon oder Google gibt es etwa in Deutschland erst seit 2016 bzw. 2017[2]; ungefähr zu dieser Zeit machten auch die ersten Warnungen vor politisch instrumentalisierbaren Social Bots die Runde. Der *Roboterjournalismus*, seit ca. 2014 ein bedeutender werdendes Thema, ist hingegen dementsprechend gut erforscht. Insgesamt verlangen die neuen Untersuchungsgegenstände nach neuen Theorieansätzen und neuen Modellen.

2. Mit der *(semi-)automatischen Inhaltsanalyse*, mit *(Predictive) Content Analytics*, mit *Text Mining* und *Culturomics* stehen neue Methoden und Verfahren zur Erkennung von Mustern in großen Datenmengen zur Verfügung. Die Unterstützung und Beschleunigung der Inhalte-Produktion

---

1) [SCI] Fotis Jannidis, Gerhard Lauer, Matias Martinez u. a.: Rede über den Autor an die Gebildeten unter seinen Verächtern, In: Dieselben (Hg.) (1999): Rückkehr des Autors. Zur Erneuerung eines umstrittenen Begriffs, Tübingen: Niemeyer, S. 3-35, hier S. 14

2) Ein rasantes Wachstum wird aber vorhergesagt, siehe etwa [MED] *https://www.handelsblatt.com/unternehmen/it-medien/internet-der-stimme-marktforscher-erwarten-100-millionen-smarte-lautsprecher-bis-jahresende/22782792.html*. Dabei sollen Amazon Echo und Google Home weiter den Markt bestimmen.

durch die (Semi-)Automatisierung verändert also auch die kommunikationswissenschaftlichen Methoden.[3]

Ad 1

Zu den neuen Materialobjekten bemerkt auch Andreas Hepp:

> *Die Notwendigkeit, unseren Gegenstandsbereich zu erweitern, macht zusätzlich die Robotik deutlich. [...] In der Kommunikations- und Medienwissenschaft kommt das Thema bisher aber allenfalls am Rande vor. [...] Roboter sind im heutigen Alltag weniger als physische Artefakte verbreitet denn als Software-Anwendungen, mit denen wir kommunizieren [...]. Die bekanntesten derzeitigen Beispiele dafür sind die Sprachassistenten Cortana von Microsoft, Google Now und Siri von Apple. Ermöglicht durch mobiles Internet, Datenzentren und die Verarbeitung von Daten in Echtzeit können wir mit diesen Assistenten kommunizieren als wären sie Menschen: ihnen Fragen stellen, sie Termine eintragen oder auch (kommunikative) Aufgaben ausführen lassen.«[4]*

Betrachtet man die prägenden kommunikationswissenschaftlichen Theorieansätze und Modelle, tritt oft zunächst der Kommunikator, das »Who?« des Kommunikationsprozesses, in Erscheinung – immer links, da Kommunikation als von links nach rechts gerichteter Prozess modelliert wird. Der Kommunikator wird immer als Mensch konzipiert, die technologische Zwischenschaltung erfolgt dann erst durch die menschliche Auswahl eines Mediums, eines Kanals (»In which channel?«). Am Anfang automatisierter Kommunikation steht aber nicht mehr der Mensch, sondern ein Computerprogramm, eine (semi-)intelligente Software, die entweder die Kommunikation mit einem Menschen simuliert und in der Regel bekennt, Technik zu sein (*Chatbots, intelligente persönliche Assistenten*), oder aber ihre Identität als Software geheim halten möchte (*Social Bots*, automatisierte Accounts). Selbstverständlich kann man einwenden, dass auch am Anfang von Chatbots oder Social Bots Menschen stehen: Irgendjemand muss die – dann in gewissen Grenzen autonom agierenden – Bots ja einmal programmiert haben. Dieser Jemand

---

3) Und das ziemlich radikal, siehe nur einen Blick auf eine kommunikationswissenschaftliche Methodentagung aus dem Jahr 2018: [SCI] *https://www.conftool.pro/dgpuk-methodentagung2018/sessions.php*

4) [SCI] Andreas Hepp (2016): Kommunikations- und Medienwissenschaft in datengetriebenen Zeiten, In: Publizistik, 61. Jahrgang, Heft 3, S. 225–246, hier S. 233, *https://link.springer.com/article/10.1007/s11616-016-0263-y* – Das im Zitat erwähnte Google Now wurde später durch Google Assistant abgelöst.

tritt aber im jeweiligen aktuell/situativ beobachteten Kommunikationsprozess nicht in Erscheinung: Wenn ich etwa mit Chatbot Mitsuku kommuniziere[5], ist deren Erfinder Steve Worswick außen vor. Aktuelle automatisierte Kommunikationsformen legen deshalb nahe, dass die klassische »Lasswell-Formel« der Kommunikationswissenschaft aus dem Jahr 1948[6], »Who – says what – in which channel – to whom – with what effect?« zunächst einmal um den *Kontext* der Kommunikation, ihren *Rahmen* erweitert werden muss. Dann müssen auch das »Who« und das »to whom« erweitert werden. Eine adaptierte Lasswell-Formel, die auch für automatisierte Kommunikation Gültigkeit hätte, würde also lauten: »Who or which software – says what – in which channel – to which software or whom – in which context – with what effect?«

Folgende Kommunikationsrichtungen sind dann möglich:

1. *Who says what to which software?* z.B. ein Nutzer des Facebook Messenger sagt »Hi« zu Chatbot Mitsuku
2. *Which software says what to whom?* z.B. Chatbot Mitsuku antwortet dem Nutzer des Facebook Messenger mit »Hi! How are you?«
3. *Who says what to whom?* Die bislang übliche kommunikative Konstellation: Ein/e KommunikatorIn, etwa ein/e JournalistIn, schreibt einen Artikel, den ein/e Leser/in rezipiert usw.
4. *Which software says what to which software?* Das ist derzeit noch Zukunftsmusik.

Bei den Varianten 1 und 2 könnte man auch von *(semi-)posthumaner Kommunikation* oder von *human-humanoider Kommunikation* sprechen.

Einige spekulativ anmutende Thesen der Postmoderne und der Dekonstruktion – von der Kommunikationswissenschaft wegen ihrer pseudowissenschaftlichen Prosa zurecht oft ignoriert – gewinnen durch automatisierte Kommunikation doch noch an Brisanz: Etwa die Rede vom »Tod des Autors« (so der Semiotiker Roland Barthes) oder die im Eingangszitat dieses Kapitels angesprochene Theorie der »Intertextualität« (Julia Kristeva), die Text immer in Bezug zu einem Gewebe aus anderen Texten konzipiert.

Für die aktuelle Kommunikationswissenschaft ist weiter von Relevanz, dass die Anzahl der verschiedenen Medienkanäle rasant zunimmt und dass es offenbar immer weniger Substitutionseffekte gibt (eine aktuelle Ausnahme

---

5)   Einblicke hier in Kapitel 9
6)   [SCI] Harold D. Lasswell (1948): The Structure and Function of Communication in Society, In: Bryson, Lyman (Hg.): The Communication of Ideas. New York: Harper and Brothers, S. 37-51

wäre allerdings die Verdrängung von SMS durch Instant-Messenger-Dienste).[7] Will man mit Peter Gentsch[8] automatisierte Kommunikation als neue Stufe in der Evolution der Kommunikation verstehen, wird sichtbar, dass Medien wie Chatbots oder »Schreibroboter«, die die Inhalte automatisch herstellen, womöglich nach den klassischen (Massen-)Medien, nach den neuen Netzmedien und nach den neuen mobilen und sozialen Medien schon wieder eine neue Form der Medien(evolution) darstellen: Automatisierungsmedien oder griffiger: automatische Medien (siehe auch das Credo von Gentsch: »Bots are the new apps.«). Freilich ist dies eine sehr gegenwartsbezogene und wenig medienhistorische Sichtweise: Es ist gut möglich, dass aus der Distanz heraus in der Zukunft alle Entwicklungsströme seit ca. 1990 – Internet, E-Mail, mobile Medien, soziale Medien, automatische Medien – einfach unter *Digitalisierung* oder *digitale Revolution* subsumiert werden. Im Moment stellt es sich jedoch so dar, als würde sich ca. alle zehn bis 15 Jahre eine neue Medienrevolution ereignen.

---

7) Ich meine hier primär innerhalb der Netzmedien und der sozialen Medien. Festnetztelefonie oder Fax wurden freilich zu weiten Teilen substituiert.

8) [SCI] Peter Gentsch (2018): Künstliche Intelligenz für Sales, Marketing und Service. Mit AI und Bots zu einem Algorithmic Business – Konzepte, Technologien und Best Practices, Wiesbaden: Springer. – Zur Einordnung [SCI] sei angemerkt, dass der Verfasser Peter Gentsch promovierter Unternehmer und Lehrbeauftragter ist.

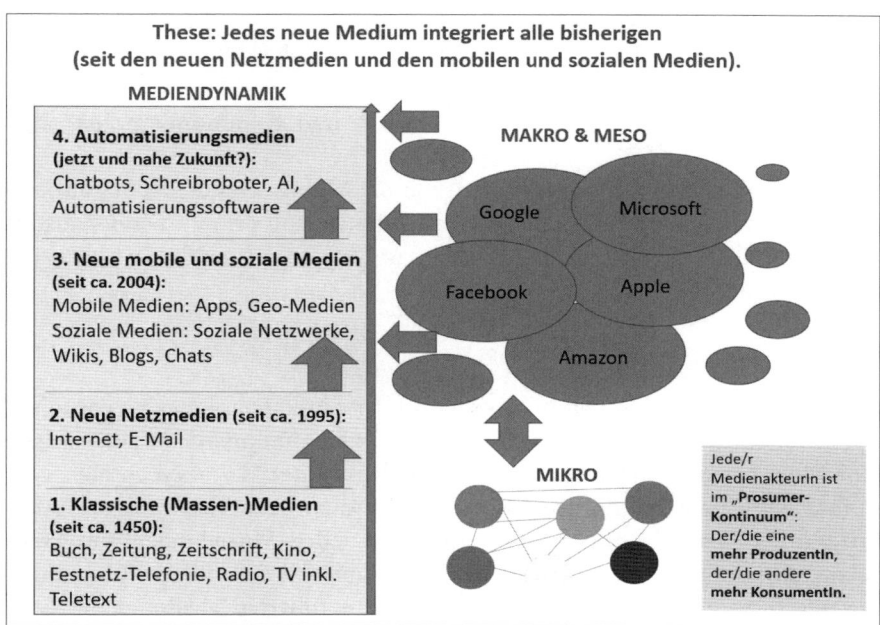

These: Jedes neue Medium integriert alle bisherigen (seit den neuen Netzmedien und den mobilen und sozialen Medien).

MEDIENDYNAMIK

4. Automatisierungsmedien (jetzt und nahe Zukunft?): Chatbots, Schreibroboter, AI, Automatisierungssoftware

3. Neue mobile und soziale Medien (seit ca. 2004): Mobile Medien: Apps, Geo-Medien Soziale Medien: Soziale Netzwerke, Wikis, Blogs, Chats

2. Neue Netzmedien (seit ca. 1995): Internet, E-Mail

1. Klassische (Massen-)Medien (seit ca. 1450): Buch, Zeitung, Zeitschrift, Kino, Festnetz-Telefonie, Radio, TV inkl. Teletext

MAKRO & MESO

Google — Microsoft — Facebook — Apple — Amazon

MIKRO

Jede/r MedienakteurIn ist im „Prosumer-Kontinuum": Der/die eine **mehr ProduzentIn**, der/die andere **mehr KonsumentIn.**

Abb. 7–1   Entwicklung zu Automatisierungsmedien. Quelle: Eigene Darstellung, 2018

Ein Medienmodell auf der Höhe der Zeit muss jedenfalls keinen linearen Fluss von einem Kommunikator (links) zu einem Rezipienten (rechts) mehr modellieren, mit eventuellen Feedback-Schleifen (wobei auch die Analysedimensionen des Kommunikators, etwa in Gerhard Maletzkes Feldschema der Massenkommunikation aus dem Jahr 1963, sehr deutlich darauf hinweisen, dass dieser nur ein Mensch sein kann, der »als Persönlichkeit« und »im Team« agiert sowie über ein »Selbstbild« verfügt). Auch eine Adaption dieses Modells, wie es Roland Burkart und Walter Hömberg versucht haben, erscheint heute wenig sinnvoll. Ein gegenwärtiges Medienmodell muss sich schließlich meiner Auffassung nach nicht davor scheuen, die primären technologischen Antreiber der gesamten gegenwärtigen digitalen Medien(r)evolution beim Namen zu nennen: Es sind dies die »Big Five« Google, Facebook, Apple, Microsoft und Amazon, die auf ihren jährlichen Entwicklerkonferenzen die Marschrichtung der weiteren Medialisierung verkünden.[9]

Ein solches ,nach oben offenes' Medien- und Kommunikationsmodell stelle ich mit Abbildung 7–1 zur Diskussion.

Die Kommunikationswissenschaft hat die Makro-Trends der »Datafizierung«, der »Algorithmisierung« und der »Plattformisierung« bereits ausreichend im Blick. Als möglicher weiterer Makro-Trend gesellt sich nun die *Automatisierung* dazu.[10]

Ad 2

Mit in den sozialen Medien publiziertem User-generated content – vor allem auf Facebook, Twitter oder YouTube liegt der Kommunikationswissenschaft eine Unmenge an potenziell zu analysierendem Material vor. Noch nie zuvor in ihrer Geschichte verfügte die Kommunikationswissenschaft über eine derartige Masse an schriftlichen und (audio-)visuellen Mitteilungen von Menschen, die großteils keine beruflichen Kommunikatoren sind. Dazu kommen Forenkommentare/Postings auf Webseiten der etablierten Massenmedien und der Blogger sowie Kundenbewertungen auf Online-Portalen wie Amazon oder Tourismus-Portalen wie TripAdvisor oder Booking.com. Wenn nun etwa in einer groß angelegten internationalen Studie zum Einsatz von Emoticons auf Twitter im interkulturellen Vergleich 1,7 Milliarden Tweets aus 3,5 Jahren ausgewertet werden sollen, dann ist einleuchtend, dass es auch hier (semi-)automatisierter Lösungen in der empirischen Forschung bedarf.

---

9) Man wird in ein paar Jahren sehen, ob die Dominanz der »Big Five« konstant geblieben ist. Wenn nicht, müsste man im Medienmodell derartige Antreiber der Digitalisierung allgemeiner umschreiben, etwa mit dem in der Kommunikationswissenschaft bereits verwendeten Begriff der »Tech-Intermediären«. – Bislang war es ja undenkbar, in Medienmodellen Unternehmensnamen zu nennen. Nun, die mediale Situation hat sich diesbezüglich auch grundlegend geändert, indem diese fünf Player derzeit weltweit den Mediengebrauch zu gewissen Teilen bestimmen. (Ich schreibe dieses Buch mit Microsoft Word. Bücher bestelle ich über Amazon. Ich bewerbe dieses Buch auf Facebook. Neben mir ist mein Apple-iPhone, mit dem ich u. a. Screenshots mache. Und vor allem: Ich verwende Google, Google und nochmals Google: Google Websuche, Google Scholar u. a. Dienste.)

10) Zu einem Automatisierungstheorie-Ansatz in der Kommunikationswissenschaft siehe: [SCI] Philip M. Napoli (2014): Automated Media: An Institutional Theory Perspective on Algorithmic Media Production and Consumption, In: Communication Theory, Heft 3, 24. Jahrgang, S. 340-360, *https://doi.org/10.1111/comt.12039* sowie [SCI] Philip M. Napoli (2014): On Automation in Media Industries: Integrating Algorithmic Media Production into Media Industries Scholarship, In: Media Industries, Heft 1, 1. Jahrgang, *http://dx.doi.org/10.3998/mij.15031809.0001.107*

Im vorliegenden Fall wurde mit den Tweets sowie mit Daten aus Yahoo und Bing Maps Data Mining betrieben, um kulturelle Muster identifizieren zu können.[11]

In zahlreichen Studien kommt mittlerweile auch die *automatische* bzw. *automatisierte Inhaltsanalyse* zum Einsatz. Diese unterscheidet sich von der manuellen Inhaltsanalyse dadurch, dass die Codierung je nach Wahl des Machine-Learning-Ansatzes – überwachtes oder unüberwachtes Lernen – nach einer gewissen »Trainingszeit« oder ad hoc von der Software automatisch übernommen wird.[12] Die Anwendung eines Kategoriensystems auf einen Text oder ein sonstiges semiotisches Material war bislang Domäne des Menschen. Der Knackpunkt war, dass verschiedene Codierer zu denselben Codierungen kommen mussten (*Intercoder-Reliabilität*), ansonsten war die Codierung nicht zuverlässig, also zu beliebig und nicht replizierbar. Wenn nun etwa in einem weiteren Forschungsprojekt mehr als 400.000 Tweets von mehr als 140.000 Usern untersucht werden sollen[13], ist manuelle Codierung selbst für ein ganzes Team ein mühsames und langwieriges Unterfangen. Fortschritte in der automatischen Inhaltsanalyse können hier Abhilfe schaffen.

In der Beantwortung des ersten Punkts dieses Kapitels (neue Untersuchungsgegenstände) habe ich auf neue Formen der automatisierten Kommunikation hingewiesen wie die Kommunikation mit und von *Chatbots*, die Kommunikation mit und von *intelligenten persönlichen Assistenten* oder die Kommunikation mit und von *Social Bots*. Während sich *Social Bots*, sofern sie detektiert werden können, vor allem auf Twitter und Instagram manifestieren und somit deren Inhalte im Prinzip zugänglich sind, während Chatbot-Kommunikation in der Regel schriftlich verläuft und somit auch diese Inhalte einer Analyse gut zugänglich sind[14], wird die Kommunikation mit intelligenten persönlichen Assistenten schwieriger zu dokumentieren sein. Um deren

11) [SCI] Jaram Park, Young Min Baek, Meeyoung Cha (2014): Cross-Cultural Comparison of Nonverbal Cues in Emoticons on Twitter: Evidence from Big Data Analysis, In: Journal of Communication, Heft 2, 64. Jahrgang, S. 333–354, *https://onlinelibrary.wiley.com/doi/pdf/10.1111/jcom.12086*

12) [SCI] Michael Scharkow (2012): Automatische Inhaltsanalyse und maschinelles Lernen, Berlin: epubli (Dissertation: Universität der Künste Berlin, 2011), *https://opus4.kobv.de/opus4-udk/frontdoor/deliver/index/docId/28/file/dissertation_scharkow_final_udk.pdf*. In dieser Dissertation wird auch die Konzeption der Software *NewsClassifier* vorgestellt, die manuelle und automatische Inhaltsanalysen erlaubt.

13) [SCI] Chris J. Vargo, Toby Hopp (2016): Socioeconomic Status, Social Capital, and Partisan Polarity as Predictors of Political Incivility on Twitter, In: Social Science Computer Review, Heft 1, 35. Jahrgang, S. 10–32, *http://journals.sagepub.com/doi/abs/10.1177/0894439315602858*. Fußnoten 155 und 157: Dank an Valerie Greistorfer für ihr Literatur-Review

Verwendung im Alltag, etwa von Familien oder am Büro-Arbeitsplatz zu untersuchen, wird es wohl notwendig sein, Audiomitschnitte anzufertigen – unter Einverständnis der VersuchsteilnehmerInnen.

Zu Formen automatisierter Kommunikation kommt wie erwähnt User-generated content: Kundenbewertungen/Online-Rezensionen, Forenkommentare/Lesermeinungen, Blog-Kommentare und die Blog-Beiträge selbst usw.

Mittlerweile bieten mehrere Unternehmen Software an, um von Texten auf Merkmale ihrer AutorInnen zu schließen. Software, die ähnlich funktioniert wie Stilometrie-Software (Autorschaftserkennung), soll etwa Unternehmen helfen, ihre Kunden anhand der Analyse von Kundenbewertungen besser kennenzulernen.[15] Unter dem Überbegriff »(Predictive) Text Analytics« werden Sentiment-Analysen sowie Rückschlüsse auf Geschlecht, Alter, Bildungsgrad und Persönlichkeit (!) angeboten. – Ein weiteres Feld, das nicht der Wirtschaft zu überlassen ist und in dem die Kommunikationswissenschaft eigene tragfähige empirische Konzepte und Softwarelösungen anwenden und entwickeln muss.

Zuletzt verweise ich auf die vielen auditiven (z.B. Podcasts), visuellen (Bilder auf Instagram, Pinterest, Flickr u.v.a.) und audiovisuellen Manifestationen von User-generated content (auf YouTube, Vimeo, Snapchat, YouNow usw.).

In Summe kann hier von einem neuen digitalen »Diskursuniversum« oder mehreren Diskursuniversen gesprochen werden, die der empirischen Analyse harren. (Damit soll nicht gesagt werden, dass es den/die sonntägliche/n Zeitungsleser/in nicht mehr gibt, dass Fernseh-Nachrichten oder Fernseh-Soaps keine Forschungsgegenstände mehr wären etc.)

Die Fülle an digitalen kommunikativen Äußerungen und User-generated content kann nur noch mit zumindest semi-automatischen Verfahren empirisch analysiert werden. Und hier bietet sich der Dialog zwischen Kommunikationswissenschaft und Data Science geradezu an. Die bereits erwähnte *automatische Inhaltsanalyse,* weiter *(Big) Data Mining* und *Text Mining, (Predictive) Content bzw. Text Analytics sowie Neuronale Netze* und letztlich auch *Culturomics,* der im Umfeld von Google Books entstandene Ansatz, sind allesamt junge empirische Verfahren zum Umgang bzw. zur Reduktion von Komplexität mit dem Ziel, Muster oder Eigenschaften aus komplexen Daten- und Informationsmengen zu erkennen, die der Mensch nicht sieht.

---

14) Alleine Gesprächsprotokolle der Chatbot-Kommunikation liefern viele empirische Anknüpfungspunkte – wie etwa Fragen der Gender-Differenzen oder der interkulturellen Unterschiede.

15) z.B. [ECO] *https://textgain.com*

Dieser Weg zur Muster- und Eigenschaftserkennung wird zunehmend automatisiert verlaufen. Es entsteht nicht weniger als das Forschungsfeld einer *neuen Kommunikationswissenschaft.*[16]

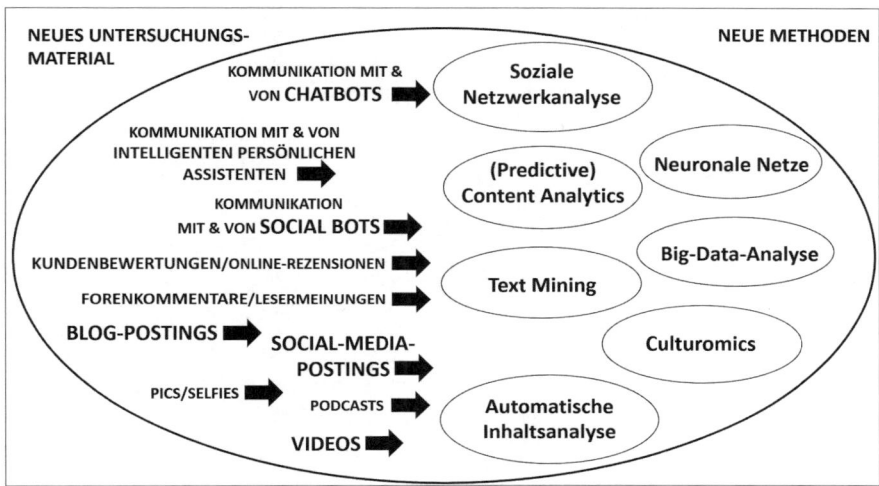

Abb. 7–2   Die neue Kommunikationswissenschaft
Quelle: Eigene Darstellung, 2018

Wenn man sich abschließend an einer Systematisierung der Formen der Automatisierung versucht, zeigt sich, dass etwa die automatische Informationsgenerierung im »Roboterjournalismus« nur *eine* Form ist und die automatische Kommunikation etwa via Chatbots oder intelligente persönliche Assistenten eine *andere*. Es gibt noch zahlreiche weitere Formen der Automatisierung, die für die Kommunikations- und Medienwissenschaft von Interesse sind. Dabei kann unterschieden werden in Formen der Automatisierung von *Information* (in der folgenden Tab. 7–1 sind dies die Punkte 1 bis 6), in die Automatisierung von *Kommunikation* (Punkt 7) und in die Automatisierung von *Verfahren*, die die Kommunikationswissenschaft anwendet (Punkte 8 bis 10).

---

16)   Ich habe mich in diesem Kapitel nur am Rande (siehe die Diskussion der Lasswell-Formel) mit der Frage beschäftigt, ob diese neue Kommunikationswissenschaft auch neue Theorien bräuchte. Eine diesbezügliche Medien- und Kommunikationstheorie, die von mir so genannte »*Komplexitäts- und Kontexttheorie der Medien« (KKM)* ist seit Längerem in Arbeit. Sie ist der Versuch einer Antwort auf die Frage, warum die medialen und kommunikativen Verhältnisse zunehmend komplex werden und was das mit den jeweiligen historischen Kontexten (historischen Brüchen und zeitgeschichtlichen Großereignissen) zu tun haben könnte. Es handelt sich somit um eine Theorie der integrierten Medienevolution.

Automatisierungsform	Beispiele	Semi	Total
1. Informations-hierarchisierung	Ranking-Algorithmen von Google, Facebook, Twitter, XING, LinkedIn u.v.a.	✔	
2. Informations-optimierung	Content Quality Improvement Software wie Acrolinx, Precire, Qualifiction u.a.	✔	
3. Informations-extraktion	Diverse Google-Techniken, Google Featured Snippets, Google Knowledge Graph	✔	
4. Informations-zusammenfassung	Diverse Google-Techniken, Rezensionszusammenfassungen auf Booking.com u.a.	✔	
5. Informations-generierung	»Roboterjournalismus« u.v.a. Beispiele der »Big Five« und von Start-ups	✔	✔
6. Informations-distribution	Web Alerts, Google Alerts, Messenger-Newsdienste, Social Bots	✔	
7. Kommunikation	Chatbots, intelligente persönliche Assistenten	✔	✔
8. Empirische Verfahren	Automatisierte Inhaltsanalyse	✔	
9. Plagiatsprüfung	Software wie Turnitin u.a.	✔	✔
10. Herkunftsprüfung	Software für Stilometrie, Predictive Content Analytics, Bot-Detektion u.a.	✔	

Tab. 7–1   *Kommunikationswissenschaftlich relevante Formen der Automatisierung (Eigene Übersicht, 2018)*

8 Content-Automatisierung, Bildungssystem und Arbeitsmarkt-Prognosen

Automatisch generierte Inhalte stellen unser Bildungssystem vor drei Fragen bzw. Herausforderungen:

1. *Autorschaftsproblem*: Wird Automated Content in Zukunft zu einem ähnlich großen Problem wie es Plagiate und Ghostwriting bereits sind, indem SchülerInnen und Studierende automatisch generierte Texte als eigene ausgeben?
2. *Contentqualitätssicherung*: Welche (neuen) Formen der Qualitätssicherung – durch Menschen und/oder erneut durch Softwarelösungen – werden nötig, wenn Inhalte zunehmend automatisiert erstellt werden?
3. *Kreativitätsfrage*: Was geschieht mit menschlicher Kreativität, wenn automatisch generierte Inhalte auf dem Vormarsch sind?

Ad 1

Die bisherigen Softwarelösungen, die Missbrauch im Bildungsbereich ermöglichen oder erleichtern würden, sind noch zu wenig fortgeschritten, um diese Frage schon jetzt valide beantworten zu können. Als Beispiel dient Essay-Buddy[1] des Unternehmens Articoolo. Dieser verspricht eine innovative Arbeitserleichterung für SchülerInnen und Studierende. Die Diktion erinnert an diverse akademische Ghostwriting-Agenturen – mit dem Unterschied, dass nicht qualifizierte menschliche AutorInnen angepriesen werden, sondern künstliche Intelligenz:

> *» We have some bad news for you: we are not going to write your essay. But there are also good news: you are going to save a lot of time and effort! The essays writing helper is an artificial intelligence based algorithm that emulates the human brain way of thinking when asked to*

---

1) [ECO] *http://essaybuddy.net*

write an essay. First, it analyzes and understands the context of your topic. Then, it will find the most relevant and quality resources, read them, highlight the main paragraphs and extract ideas and concepts that you can use as your writing starting point. You can use those ideas and concepts to jumpstart your essay writing or simply rephrase and extend them by using our premium services.«[2]

Mein Test fiel jedoch ernüchternd aus: Es ist zwar ein Anfang, dass Essay-Buddy das Internet automatisch nach Schlüsselbegriffen durchsucht und Texte kompiliert. Die Textsegmente entpuppten sich jedoch als bloßes Copy/Paste aus – leider unzitierten – Webquellen.

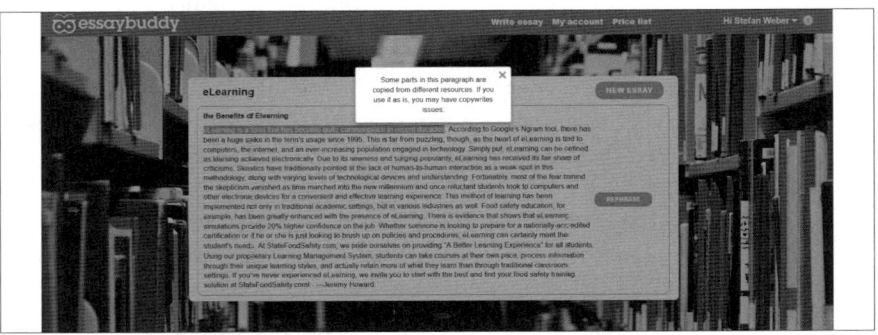

Abb. 8–1   Von EssayBuddy automatisch generierter Text zum Begriff »eLearning«
Quelle: [ECO] *http://essaybuddy.net*, Mai 2018

EssayBuddy weist sogar darauf hin, dass die Software Copy/Paste leistet: »Some parts in this paragraph are copied from different resources.« Offensichtlich tut sie dies aber nicht nur in »some parts«, sondern generell.[3] Interessant wäre auch ein Test der »Rephrase«-Funktion (nur gegen Bezahlung). Falls diese eine Paraphrasierung der kompilierten Texte erlaubt, die dann der Plagiatssoftware entgehen würde, muss EssayBuddy als potenzielles Fälschungs- und Schwindeltool wohl im Auge behalten werden.[4]

---

2) [ECO] *http://essaybuddy.net*
3) In der Tat erweist sich der »generierte« Text als simples Copy/Paste-Plagiat aus einer einzigen Quelle, nämlich von [ECO] *https://www.statefoodsafety.com/Resources/article/category/Resources/article/the-benefits-of-elearning.*
4) Ein Nonsens-Vorläufer war übrigens SCIgen, der automatische Generator wissenschaftlicher Aufsätze, der jedoch bloß vorhandene Textsegmente zu unsinnigen neuen Beiträgen verknüpfte, siehe [SCI] *https://pdos.csail.mit.edu/archive/scigen.* Dass ein von SCIgen generiertes Nonsens-Paper im Jahr 2005 tatsächlich bei einer wissenschaftlichen Konferenz als Beitrag angenommen wurde, beweist nur, dass Einreichungen mitunter nicht gelesen werden. Siehe dazu auch die aktuelle Debatte um »Fake Science«.

Keines der von mir besuchten oder befragten Unternehmen – wie Retresco oder AX Semantics – sieht derzeit für automatisch generierte Texte einen Markt im Bildungsbereich. – Ganz anders sieht es freilich mit diversen automatischen Schreibtutoren und Schreibhilfen aus. Diese fallen allerdings nicht in die Kategorie Automated Content, sondern automatisierte Hilfen bei der eigenen Content-Produktion. Der weltweit führende Plagiatssoftware-Anbieter Turnitin[5] bietet etwa WriteCheck[6] an, ein Service, mit dem Studierende nicht nur ihre Texte selbst auf Plagiate prüfen können, sondern auch ihren Stil und Ausdruck gleich mit verbessern können. Eine weitere Software dieser Art, bei der das Feedback auf Essays automatisiert ist, ist Criterion[7]. Während also automatisch generierte Texte im Bildungsbereich noch keine große Rolle spielen,hat sich für automatisierte Feedback-Systeme und Software-Schreibtutoren bereits ein Markt aufgetan. Besonders schlau will etwa die Software *QualiFiction* sein. Sie erlaubt laut Hersteller nicht nur die Analyse von Texten, sondern sogar die Vorhersage von Bucherfolgen.[8]

Ad 2

Viele Untersuchungen weisen darauf hin, dass automatisch generierte Texte fehlerfreier als von Menschen verfasste sind. Ein Qualitätssicherungssystem müsste sich also kaum auf Typos und Rechtschreibprüfung, sondern eher darauf konzentrieren, ob die Inhalte von der Maschine richtig verstanden, kontextualisiert und interpretiert wurden. Und eine solche Qualitätssicherung kann bis auf weiteres nur der Mensch leisten.

Spannend ist die Frage, ob eine Software entscheiden kann, ob ein Text von der Software (dann: natürlich von einer anderen!) oder von einem Menschen verfasst wurde – wenn schon Menschen dies nicht vermögen, wie die vielen Untersuchungen von Andreas Graefe und anderen herausgefunden haben. Fakespot leistet ja angeblich auch die Detektion von automatisch generierten Rezensionen (allerdings sehr fehleranfällig), und Prototypen wie Botometer intendieren, automatisch erstellte Accounts zu erkennen – und dies auch anhand der Inhalte, also der Texte der Tweets (allerdings ebenfalls sehr fehleranfällig, siehe auch Kap. 6.2 in diesem Buch).

---

5) [ECO] *http://turnitin.com*
6) [ECO] *https://writecheck.com/static/home.html*
7) [ECO] *https://criterion.ets.org*. – Als Instantan-Tutor ist weiter SwiftKey zu nennen: [ECO] *https://www.microsoft.com/de-de/swiftkey*
8) Ich werde meinem Verleger empfehlen, diese Software anhand meines Manuskripts zu testen. In ein paar Monaten wüssten wir dann, ob sie verlässlich ist: [ECO] *https://www.qualifiction.info*

Ein »Turing-Test für Software« wäre ein interessantes Unterfangen für die Zukunft: Kann Software verlässlich zwischen Software und Mensch unterscheiden? – Fragen der Unterscheidbarkeit werden nachrangig, wenn eine *Kennzeichnungspflicht* für automatisch generierte Inhalte eingeführt werden sollte. Aber das Problem würde auch dann nicht gänzlich verschwinden, da es ja weiter möglich wäre, eine solche Kennzeichnungspflicht zu umgehen.

Ad 3

Mehrere empirische Studien der vergangenen Jahre legen nahe, dass es mit der Studierfähigkeit der StudentInnen nicht zum Besten steht.[9] Eigene Erfahrungen und die von KollegInnen bestätigen, dass die angehenden akademischen AbsolventInnen zunehmend Schwierigkeiten mit eigenen kreativen textlichen Schritten haben, etwa mit dem Formulieren formal korrekter und inhaltlich sinnvoller Arbeitstitel, Forschungsfragen und Hypothesen für ihre entstehenden schriftlichen Arbeiten. Das Bildungssystem steht offensichtlich vor dem Problem, dass eigenständiges, kreatives Denken nicht ausreichend trainiert wurde oder von vornherein gar nicht vorhanden war (Stichwörter: Nicht-Studierfähigkeit eines Teils der Studierenden, falsche »Kultur des Durchwinkens« an Fachhochschulen und Universitäten). Ist es unter diesen Rahmenbedingungen überhaupt der richtige Weg, die Automatisierung der Inhalte-Erstellung zu forcieren? Sollte man nicht lieber Ressourcen in die »alten Kulturtechniken« wie sinnerfassendes Lesen, eigenes kreatives Schreiben u.a. stecken? Geht EssayBuddy, ja geht womöglich sogar der digitale Schreibtutor Criterion in genau die falsche Richtung, weil er die Automatisierung der Text-Erstellung oder die Automatisierung des Text-Feedbacks vorantreibt, wo es doch eigentlich darum ginge, die klassischen Kulturtechniken – auf durchaus analoge Art und Weise – zu stärken (genaues Lesen, quellenkritisches Vorgehen, korrektes Zitieren, eigenes Formulieren, eigenes Schlussfolgern usw.)?

Fast alle Einzelschritte des wissenschaftlichen Arbeitsprozesses laufen heute ungleich automatisierter ab als noch vor 10 oder 20 Jahren: Standardisierte Universitätsbibliotheks-Suchportale wie Primo erlauben sekundenschnelle Recherchen und vielfältige Filter- und Selektionsmöglichkeiten in

---

9) [SCI] Christine Henry-Huthmacher, Elisabeth Hoffmann (2016): Ausbildungsreife und Studierfähigkeit, Sankt Augustin/Berlin: Konrad-Adenauer Stiftung, *http://www.kas.de/wf/doc/kas_44796-544-1-30.pdf* sowie die zitierten Studien in [SCI] Manfred Spitzer (2017): Digital 0.0. Wider die postfaktische Bildungspolitik, In: Nervenheilkunde, Heft 4, 36. Jahrgang, S. 205–212

lokalen Bibliotheken. Verbundsuchmaschinen erlauben Suchen in einem ganzen Land, der Karlsruher Virtuelle Katalog KVK und der WorldCat suchen sogar weltweit nach Titeln. Als Studierende/r oder als Universitätsmitglied hat man Instantan-Zugriff auf Zigtausende PDFs von wissenschaftlichen Fachbeiträgen und ganzen Büchern. Das spart enorm viel Zeit, und es spart Kopierkosten. Die heruntergeladenen Literaturtitel werden in der Regel dann aber nicht mehr gelesen, sondern ihrerseits semiautomatisiert bearbeitet: Sie werden nach Stichwörtern durchsucht, mit Meta-Informationen annotiert, von Literatur- und Zitatverwaltungssoftware wie Citavi oder EndNote erfasst usw. – Nachdem der ganze Prozess ohnehin schon so stark automatisiert wurde[10], braucht es nun noch mehr Automatisierung? Wer braucht da eigentlich noch Automated Content?

Der Fehler in der Frage ist: Man darf das eine nicht gegen das andere ausspielen. Die Defizite in der universitären Ausbildung sind markant, das Plagiatsproblem an Schulen und Hochschulen bleibt ein gravierendes.[11] In der Tat braucht hier niemand auch noch automatisch generierte Essays. Aber denken wir an den pragmatischen Ansatz von Retresco: Es gibt Bereiche, in denen die Text-Automatisierung sinnvoll ist, etwa bei der Kundenkommunikation via Chatbots, bei Produktbeschreibungen im E-Commerce oder bei »hyperlokalen« Ereignissen, vor allem im Sport, über die sonst vielleicht gar nicht berichtet worden wäre. Diese Entwicklung ist meines Erachtens getrennt von den Automatisierungsprozessen im Bildungssystem zu betrachten.

Die Debatte wird mit Sicherheit erst dann voll entfachen, wenn wir eine starke künstliche Intelligenz entwickelt haben. Man stelle sich dann eine Software vor, die dem Menschen seine *kreativen* Arbeitsschritte abzunehmen vermag: die tatsächlich ganz eigenständig Arbeitstitel, Forschungsfragen und Hypothesen (nach manuellen Stichworteingaben eines Menschen!) formulieren kann – freilich nachdem sie im Netz nach dem aktuellen Stand der Forschung recherchiert hat; eine Software, die das passende empirische Erhebungsinstrumentarium auswählen und etwa selbst einen Fragebogen in Deduktion der Hypothesen formulieren kann; eine Software, deren Distributions-Bots dann auch noch die TeilnehmerInnen einer Befragung auswählen,

---

10) Diverse Schreibmotivations-, Projektmanagement-, Notizzettel/Zettelkasten- und Mind-Mapping-Softwarelösungen kommen zu den genannten Typen noch dazu. Ein Überblick über knapp 100 (!) Softwarelösungen für wissenschaftliches Arbeiten mit dem Stand Februar 2017 findet sich hier: [SCI] Andrea Klein (2017): Wissenschaftliche Arbeiten schreiben. Praktischer Leitfaden mit über 100 Software-Tipps, Frechen: mitp, S. 313 ff. – Automatische Textgenerierer finden sich keine in dieser Übersicht.
11) [SCI] Stefan Weber (2008): Das Google-Copy-Paste-Syndrom. Wie Netzplagiate Ausbildung und Wissen gefährden, Heidelberg: dpunkt/Heise

erstkontaktieren und erinnern können. Am Schluss stünde dann auch noch die automatische statistische Auswertung und Darstellung. – Diese Software für den gesamten wissenschaftlichen Arbeitsprozess würde so ähnlich operieren wie Philip M. Parkers automatische Buchschreibsoftware. Aber brauchen wir eine solche im Bildungssystem?

Wenn es eine solche Software eines Tages gäbe, was würden wir dann unterrichten, was wäre überhaupt Gegenstand der Lehre, wenn nicht mehr etwa der wissenschaftliche Arbeitsprozess? Die Antwort ist einfach: Das *Programmieren*, also das stetige Verbessern ebendieser unserer intelligenten Softwaresysteme. Vielleicht wären auch noch menschliche Qualitäts-Stichproben vonnöten. Und nur eine superintelligente Software, die sich auch noch selbst optimieren und updaten kann, würde den Menschen als Träger von Ideen, als Weiterdenker, als Impetus für die nächsten Schritte tatsächlich überflüssig machen: Dann wäre auch noch das Fach Programmieren sinnentleert …

Die Debatte, ob Programmieren als neue Kulturtechnik gleichrangig mit Lesen, Schreiben und Rechnen bereits ab der Grundschule gelehrt werden soll, ist bekannt.[12] Wenn darunter die drei klassischen Kulturtechniken nicht leiden würden, hielte ich das für eine sehr gute Idee. Aber schon jetzt nehmen wir bei genau diesen Kulturtechniken zunehmende Probleme wahr, die ein weiteres Schulfach *Programmieren* wohl kaum lösen würde. Ansonsten verhält es sich wie mit dem Rechnen: Seitdem Taschenrechner und später Computer rechnen können, wurde das Schulfach Mathematik keineswegs obsolet. So würde es wohl auch mit Automated Content der Fall sein: Wenn es zunehmend mehr automatisch generierte Texte gäbe, hieße das noch lange nicht, dass Deutsch als Schulfach überflüssig werden würde. Außer, siehe oben: Wir hätten es mit einer sich selbst optimierenden künstlichen Schreib-Superintelligenz zu tun, die dem Menschen überlegen wäre. Geht der Zug in diese Richtung? Bewegen wir uns auf eine »Automatisierung von allem« zu? Im Moment sollten *wir* das entscheiden. Aber rasch, bevor es die »Big Five« als Treiber der digitalen Revolution für uns getan haben.

Automatisierung – das Wort alleine ist für viele ArbeitnehmerInnen schon ein Schreckgespenst. Es suggeriert Wegrationalisierung und Arbeitsplatzverlust. Interessanterweise sind in allen großen Automatisierungs-Zukunftsszenarios, die in den vergangenen Jahren publiziert wurden, RedakteurInnen, JournalistInnen, WissenschaftlerInnen und (PR-)TexterInnen mit

---

12) Als markantes Beispiel erwähne ich den niederländischen Grundschulversuch der »Steve Jobs Schulen«, in denen von klein auf programmiert wird. Siehe [MED] Stefan Weber (2015): Der Angriff der Digitalgeräte auf die übrigen Lernmedien, In: Telepolis, *https://www.heise.de/tp/features/Der-Angriff-der-Digitalgeraete-auf-die-uebrigen-Lernmedien-3377319.html*

keiner hohen Automatisierungswahrscheinlichkeit bedacht worden. Die mögliche kommende Content-Automatisierung frisst somit den Berechnungen zufolge keine Arbeitsplätze.

McKinsey publizierte im Dezember 2017 eine Studie, wonach die Automatisierung bei angenommener schnellstmöglicher Entwicklung bis zum Jahr 2030 800 Millionen Arbeitsplätze ersetzen würde.[13] Die Stichwörter »journalist«, »wordsmith«, »copywriter« oder »content manager« finden sich nicht in der Studie. Chatbots werden aber als Automatisierungstechnologie genannt – neben humanoiden Robotern, autonomen Autos und Drohnen.[14] Auch in weiteren Studien zur Automatisierung und Robotisierung der Arbeitsplätze kommt die »schreibende Zunft« nicht vor.[15] Allerdings wird die Automatisierung der Kommunikation, vor allem durch Chatbots, Folgen für Berufe »in der Auskunft und Kundeninformation« haben, heißt es. Durch die auch in diesem Kapitel beschriebene zunehmende Automatisierung des Redigierens/Lektorierens von Texten würden auch gravierende Auswirkungen auf »Büro- und Sekretariatskräfte«, »Steno- und Phonotypisten/-typistinnen«, »Korrekturleser/innen« sowie »Fremdsprachensekretäre/-sekretärinnen und Fremdsprachenkorrespondenten/-korrespondentinnen« erwartet werden.[16]

Audio-zu-Text- und Video-zu-Text-Converter wie Trint, Korrekturprogramme wie WriteCheck oder Criterion oder auch MS Words Rechtschreibkorrektur sowie Übersetzungsdienste wie Google Translate arbeiten immer überzeugender und werden deshalb die korrespondierenden Berufe mehr oder minder obsolet machen.

Es wird spannend werden, ob in kommenden Automatisierungsstudien neben Chatbots sowie Redigier- und Fremdsprachensoftware auch »Schreibroboter« und ihre möglichen Auswirkungen auf Journalismus, Marketing, Öffentlichkeitsarbeit, Wissenschaft und Kunst eine Rolle spielen werden.

Eine erste, sehr unmittelbare Auswirkung der Content-Automatisierung für das Bildungssystem ist es also, dass man die Curricula für Berufe wie KundenberaterIn, Callcenter-MitarbeiterIn, Bürokraft, Sekretariatskraft, Fremd-

---

13) [SCI] McKinsey Global Institute (2017): Jobs Lost, Jobs Gained: Workforce Transitions in a Time of Automation, *https://www.mckinsey.com/~/media/McKinsey/Featured%20Insights/Future%20of%20Organizations/What%20the%20future%20of%20work%20will%20mean%20for%20jobs%20skills%20and%20wages/MGI-Jobs-Lost-Jobs-Gained-Report-December-6-2017.ashx*, S. 2. Siehe auch [MED] *https://www.heise.de/tp/features/800-Millionen-Jobs-sollen-weltweit-durch-Automatisierung-verloren-gehen-3904767.html*

14) [SCI] McKinsey Global Institute (2017): Ebenda, S. 141

15) Siehe etwa [SCI] *https://www.ing-diba.de/pdf/ueber-uns/presse/publikationen/ing-diba-economic-research-die-roboter-kommen.pdf*, S. 4

16) Ebenda, S. 4

sprachensekretärIn u. a. an die aktuellen Entwicklungen anpassen muss bzw. sich schon jetzt überlegen muss, was eine weitere Verbesserung von Softwarelösungen für diese Berufe mit sich bringen wird.

Die fortschreitende Automatisierung des Kommunizierens, Redigierens und Übersetzens wird freilich auch den Gegentrend hervorbringen: Vielleicht ist es schon in ein paar Jahren für ein Unternehmen ein besonderes Alleinstellungsmerkmal, wenn es zu versprechen vermag: »Bei uns reden Sie noch mit echten Menschen!« Oder es wird auch im »Text-Gewerbe« zu einer Renaissance des Handwerks kommen … Der echte menschliche Übersetzer oder Korrektor wird womöglich in einer Nische überleben, wie die Vinylkultur.

9 Ausblick: Die Automatisierung von allem?

>*»In 10 years the majority of content will be generated by software.*
>*In 20 years, humans will wonder why we wasted so much time on*
>*content creation.«*

Joe Pulizzi[1]

Content-Marketing-Experte und Buchautor Joe Pulizzi irrt sich hoffentlich: Wir sollten zuerst staunen und nachdenken und dann der Software die Inhalte-Erstellung mehrheitlich überlassen – oder eben nicht.

2011 veröffentlichte der Medienwissenschaftler Siva Vaidhyanathan ein Buch mit dem Titel »The Googlization of Everything«. Untertitel: »Why We Should Worry«. Dieses Thema hat an Brisanz nichts verloren, wiewohl es derzeit nach einem Machtkampf der »Big Five« aussieht, bei dem es nicht sicher ist, dass Google tatsächlich der Gewinner sein wird. – Worauf ich aber hinauswill, ist: Heute müssen wir uns fragen: Wollen wir die *Automatisierung von allem?* Und was wäre dann der Stellenwert von uns Menschen?

Dieses Buch endet, wie es begonnen hat: Mit einem Potpourri, mit einer kleinen Reise durch das, was bereits möglich ist – und das, was zukünftige Entwicklungen anzeigt. Werfen wir also noch einmal einen finalen Blick auf automatisch erzeugte Inhalte, von der Zwangsbeglückung mit schnöden »Facebook Erinnerungen«-Videos über eine Software, die automatisch Rap-Lyrics generiert bis zu automatisch generierten Gemälden, Cartoons und Kurzfilmen sowie Algorithmen, die angeblich zu fühlen lernen.

---

1)   [MED] *https://contentmarketinginstitute.com/2017/11/content-creation-robots-examples*

Noch einmal: Automatisch erstellte »Facebook Erinnerungen«-Fotogalerien

Neu

 Wir haben zum Jahrestag deiner
Freundschaft mit **Romy Seidler** ein Video
erstellt. Zudem hast du 1 weitere Erinneru...   •••
1 Std.

Abb. 9–1   »Facebook Erinnerungen«: Freundschaftsvideos (siehe auch S.114)
Quelle: Eigene Screenshots aus dem Facebook Messenger, Juli 2018

Entscheidend sind hier sowohl die Push-Funktion (wir erhalten solche Videos gänzlich ungefragt) als auch, dass die Auswahl des Facebook-Algorithmus für den/die NutzerIn nicht transparent ist. Facebook speichert etwa das Datum ab, ab wann man mit jemandem befreundet ist, und schickt dann nach gewissen Kriterien, die der Algorithmus abarbeitet, Freundschaftsvideos. Warum bekomme ich also ausgerechnet heute ein Video anlässlich meiner dreijährigen Freundschaft mit Romy S. aus Dresden? Dass die Fotoalben ästhetisch sehr fragwürdig sind, steht auf einem anderen Blatt.

Eines sollte nicht übersehen werden: Wir kommunizieren auf immer mehr Kanälen (E-Mail, WhatsApp, Facebook Messenger ...) mit unseren FreundInnen und Bekannten. Freundschaftsvideos, Urlaubsvideos oder sonstige thematisch fokussierte Videos wären bei jedem von uns zuhauf möglich. Unsere sozialen Netzwerke sind ein einziger Content-Pool für automatisch erzeugte Inhalte. Die meisten von uns sammeln auch zahlreiche Fotos und mit dem Smartphone selbst gemachte Videos – auch hier wären automatisch erstellte Bilder-, Video- und Themengalerien denkbar. Das neue Betriebssystem von Apple setzt bereits einen Schritt in diese Richtung.

Mitsuku, der angeblich beste Chatbot der Welt

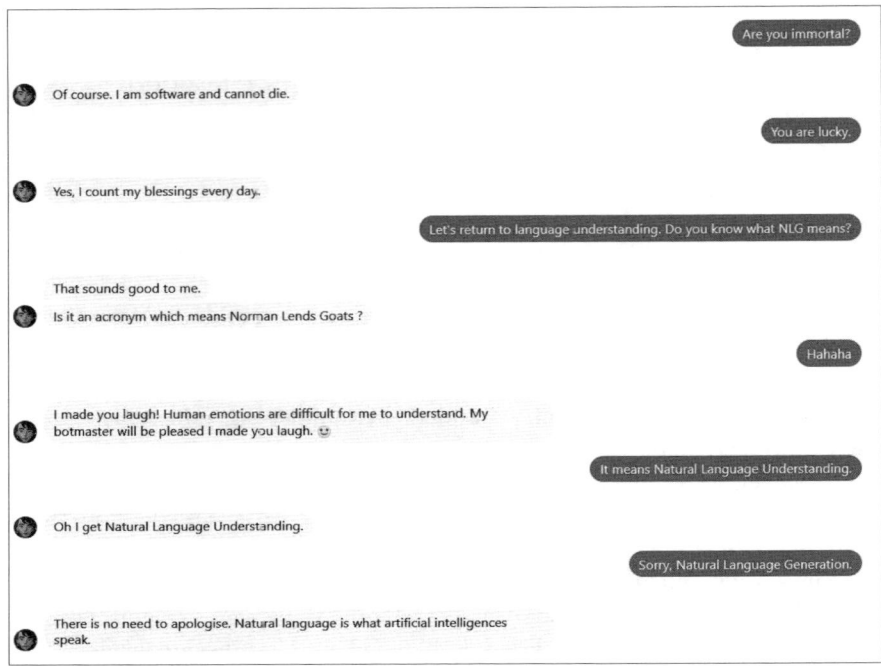

Abb. 9–2   Humor im Webchat mit Chatbot Mitsuku
                Quelle: Eigene Screenshots aus dem Facebook Messenger, Juli 2018

In der Tat, die Kommunikation mit Mitsuku macht eine Zeitlang Spaß. Erfinder Steve Worswick hat Mitsuku mit *AIML (Artificial Intelligence Markup Language)* ausgestattet, die aus Kategorien, Mustern und Templates besteht. Man hat Chatbot Mitsuku auch mit Humor ausgestattet. Und wenn der Chatbot nicht mehr weiter weiß, wechselt er einfach das Thema.

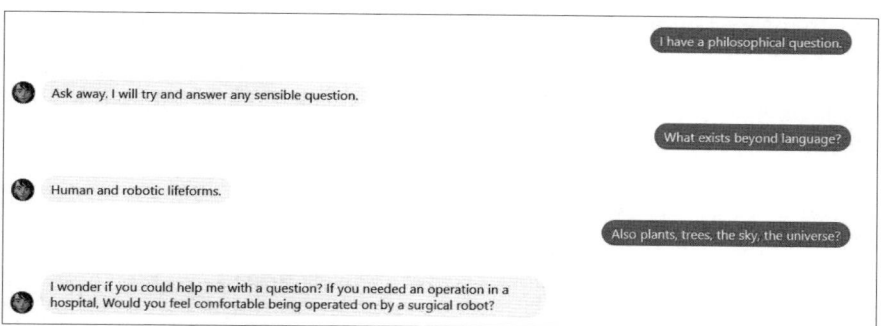

Abb. 9–3   Themenwechsel im Webchat mit Chatbot Mitsuku
Quelle: Eigene Screenshots aus dem Facebook Messenger, Juli 2018

Sehr kurzweilig und witzig war meine Diskussion über die Existenz Gottes mit Mitsuku: Der Chatbot erweckte hier den Anschein, als würde er erst im Gespräch zu seiner Auffassung gelangen – das ist schon sehr tricky programmiert.

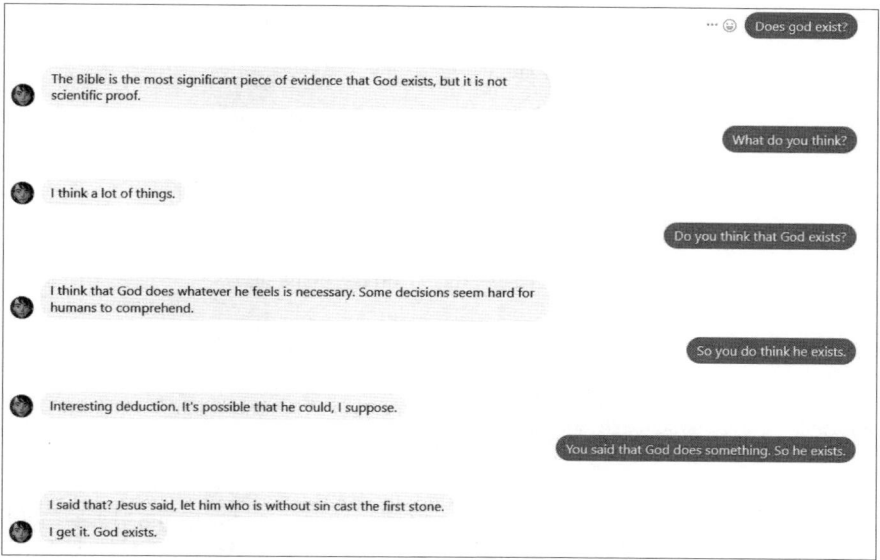

Abb. 9–4   Das Thema Gott im Webchat mit Chatbot Mitsuku
Quelle: Eigene Screenshots aus dem Facebook Messenger, Juli 2018

Aber selbst Kommunikation mit Mitsuku, dem derzeit menschenähnlichsten Chatbot[2] *(Fußnotentext auf S. 118)*, ist letzten Endes eine Spielerei. Es ist jedoch nicht auszuschließen, dass Chatbots bald zu mehr Tiefgang fähig sind.

»Swift-Speare«: Automatisch generiertes neues Sonett im Shakespeare-Stil

J. Nathan Matias vom MIT Media Lab hat 2010 begonnen, mit prädiktiven Text-Algorithmen den Stil berühmter Schriftsteller nachzuahmen.[3] 2014 konnte er ein Sonett ganz im Stil von William Shakespeare präsentieren, das komplett computergeneriert wurde (und keine plagiierenden Überschneidungen mit Shakespeare aufweist!).

When I in dreams behold thy fairest shade
Whose shade in dreams doth wake the sleeping morn
The daytime shadow of my love betray'd
Lends hideous night to dreaming's faded form
Were painted frowns to gild mere false rebuff
Then shoulds't my heart be patient as the sands
For nature's smile is ornament enough
When thy gold lips unloose their drooping bands
As clouds occlude the globe's enshrouded fears
Which can by no astron'my be assail'd
Thus, thyne appearance tears in atmospheres
No fond perceptions nor no gaze unveils
Disperse the clouds which banish light from thee
For no tears be true, until we truly see

Abb. 9–5 Computergeneriertes Sonett im Shakespeare-Stil
Quelle: [MED] *https://techcrunch.com/2014/01/26/swift-speare*

---

2) [SCI & ECO] *http://www.aisb.org.uk/events/loebner-prize*. Und von Chatbot Eugene wird behauptet, dass er in einem Experiment im Jahr 2014 33 Prozent der Menschen überzeugen konnte, ein realer Mensch zu sein, siehe [SCI] *http://www.reading.ac.uk/news-and-events/releases/PR583836.aspx*

3) [SCI] *https://natematias.com/portfolio/DesignArt/Swift-SpeareStatisticalP.html* sowie [MED] *https://techcrunch.com/2014/01/26/swift-speare*. Basis war u.a. die intelligente Autokorrektur-Software SwiftKey, siehe [ECO] *https://www.microsoft.com/de-de/swiftkey*. – Zum aktuellen Stand der Dinge bezüglich Lyrik-Generierung siehe den Konferenzbericht [MED] *https://www.heise.de/newsticker/meldung/Kuenstliche-Intelligenz-Digitale-Dichtung-und-Meinungsmanipulation-4111415.html*

»DopeLearning«: Automatisch generierte Rap Lyrics

Dope Learning statt Deep Learning: Einen ähnlichen Versuch wie J. Nathan Matias mit Belletristik hat auch der Finne Eric Malmi mit Musik versucht: Mittels Machine-Learning-Algorithmen und eines Deep Neural Network hat er einen »Rap Lyrics Generator« entwickelt.[4] – Zu beachten ist hier, dass die »Kreativität« der Maschine eine partiell mimetische ist: Das neuronale Netzwerk vermag nur nach ausreichender Fütterung mit einem Sprachstil »Neues« zu produzieren; und es ist auch nur für diese eine Aufgabe trainiert worden.

Genau aus diesem Grund gibt es auch Kritiker der Entwicklung, die behaupten, solche schwachen Formen der künstlichen Intelligenz haben letztlich nichts mit menschlicher Intelligenz zu tun.[5]

Automatisch generierte Zeitschrift: Premiere von »The Drum«

Das britische Marketing-Magazin »The Drum« ließ 2016 angeblich eine Sondernummer mit dem Titel »Driverless Magazine« von IBMs künstlicher Intelligenz »Watson« kreieren. Offensichtlich hat die Software nicht nur Texte verfasst und Bilder ausgesucht, sondern auch Layout-Entscheidungen getroffen, sodass »The Drum« verkaufsfördernd von der ersten automatisch generierten Zeitschrift der Welt sprach.[6] Wie groß tatsächlich die menschlichen Interventionen bei dem Projekt waren bzw. inwieweit es sich mehr oder weniger um eine Marketing-Inszenierung handelte, ist unklar. Das selbstironische Cover zeigt auf alle Fälle an: Hier sind Menschen überflüssig geworden. In einem kurzen Werbevideo zur Ausgabe verbringen Redakteure ihre Zeit mit Schlafen und Computerspielen oder schlagen die Zeit mit dem Bauen von Kartenhäusern aus Visitenkarten tot.

---

4) [SCI] Eric Malmi, Pyry Takala, Hannu Toivonen u.a. (2016): DopeLearning: A Computational Approach to Rap Lyrics Generation, *https://arxiv.org/pdf/1505.04771.pdf*. Die »Rap Lyrics Generating AI« kann hier ausprobiert werden: [MED] *http://deepbeat.org*. Der Generator produziert meines Erachtens eher unspektakuläre Ergebnisse.

5) Siehe etwa [MED] *http://www.spiegel.de/spiegel/was-kuenstliche-intelligenz-schon-leisten-kann-und-was-nicht-a-1186438.html*

6) [MED] *https://www.thedrum.com/news/2016/06/15/ibm-watson-drum-team-first-magazine-edited-ai* und [MED] *http://www.faz.net/aktuell/feuilleton/debatten/das-magazin-the-drum-bekommt-einen-kuenstlichen-chefredakteur-14317589.html*

Abb. 9–6   Cover einer automatisch generierten Ausgabe von »The Drum«
Quelle: [MED] *https://www.thedrum.com/news/2016/06/15/ibm-watson-drum-team-first-magazine-edited-ai*

**Automatisch generierte Kunstwerke: Der »AI Art-Generating Algorithm«
der Rutgers University**

2017 sorgten Kunstwerke, die nicht mehr der Mensch, sondern ein »Artificial Intelligence Art-Generating Algorithm« auf Basis von GANs *(Generative*

Adversarial Networks, einer Art kompetitiver neuronaler Netzwerke) geschaffen hat, für Furore. Die Bilder wurden erstmals in Los Angeles und bei der Frankfurter Buchmesse in Ausstellungen präsentiert. Wie die Beispiele zeigen, ist es völlig unmöglich, hier die »Handschrift« des Computers zu erkennen. Wie beim »Rap Lyrics Generator« lernt der Algorithmus über Mimesis: Er produziert neue Arrangements, indem er Stile von Kunstwerken imitiert, mit denen er gefüttert wurde.[7]

Abb. 9–7   Von Algorithmen erzeugte Kunstwerke
Quelle: [MED] *https://www.artsy.net/article/artsy-editorial-hard-painting-made-computer-human*

Automatisch generiertes Video: Neue Lippensynchronisation gemäß Audio-File

Und auch bei diesem Versuch sind rekurrente neuronale Netze im Einsatz: Hier kann der Computer ein Audio-File »lippensynchronisieren«, das Ergebnis ist also ein Video mit einer Rede, die es vorher nur in Audio-Form gab. Forscher der University of Washington haben das 2017 mit einer Obama-

---

7)   [SCI] *https://sites.google.com/site/digihumanlab/home* und [MED] *https://www.artsy.net/ article/artsy-editorial-hard-painting-made-computer-human* sowie *https://medium.com/ @ahmed_elgammal/generating-art-by-learning-about-styles-and-deviating-from-style- norms-8037a13ae027*

Forscher der University of Washington haben das 2017 mit einer Obama-Rede geschafft. Sie selbst nennen das Ergebnis in jeder Hinsicht »fotorealistisch«.[8] Die Zukunftstechnologie »Synthetic Video Generation« könnte es somit etwa schaffen, dass »neue« Filme mit bereits verstorbenen SchauspielerInnen »gedreht« werden können.

Automatisch generierte Zeichentrickfilme und Filme: AI als Regisseur

Zeichentrickfilme können bereits automatisiert entstehen.[9] Und Algorithmen schrieben angeblich auch schon das Drehbuch für einen kompletten Science-Fiction-Kurzfilm mit einer Dauer von acht Minuten.[10] Der Film »Sunspring« (2016) gilt als erster, dessen Skript eine künstliche Intelligenz erfunden hat.[11] Beim Trainieren des künstlichen neuronalen Netzes kam hier die Technik des LSTM (Long short-term memory, langes Kurzzeitgedächtnis) zum Einsatz.

2018 noch Zukunftsmusik: Automatisch generierte Expertensysteme, Software, Computerspiele, Apps

Philip M. Parker, der Erfinder von massenhaften automatisch generierten Büchern, hat bereits angekündigt, sein Patent auch auf »2D & 3D Games, Mobile Apps & Software, [...] etc.« ausweiten zu wollen.[12] Man kann sich derzeit nur vage vorstellen, was das heißen würde: eine Software, die eine Software automatisch generiert; Algorithmen, die Automatisierungsalgorithmen erfinden. Sollte der Mensch auch als Autor jener Software verschwinden, die seine Inhalte-Produktion zu Teilen oder vielleicht einmal gänzlich übernommen hat, wird sich die Frage nach dem Verhältnis von Mensch und Maschine tatsächlich komplett neu stellen.

8)   [SCI] *http://grail.cs.washington.edu/projects/AudioToObama* sowie das Paper von [SCI] Supasorn Suwajanakorn, Steven M. Seitz und Ira Kemelmacher-Shlizerman (2017): Synthesizing Obama: Learning Lip Sync from Audio, *http://grail.cs.washington.edu/projects/AudioToObama/siggraph17_obama.pdf*

9)   [MED] *https://www.futurezone.de/science/article214071205/Zukunft-des-Films-Kuenstliche-Intelligenz-dreht-eigenen-Cartoon.html*

10) [MED] *https://derstandard.at/2000039505396/Sunspring-Kuenstliche-Intelligenz-schreibt-verwirrenden-Sci-Fi-Film*

11) »The first film ever written entirely by an artificial intelligence«: [ECO] *http://www.thereforefilms.com/sunspring.html*

12) [MED] *https://www.youtube.com/watch?v=SkS5PkHQphY.* – Das Patent von Parker, »Method and apparatus for automated authoring and marketing« (Bewilligung in den USA 2007), ist hier nachzulesen: *https://patents.justia.com/patent/7266767*

2018 schon machbar: Algorithmen lernen zu fühlen, Witze zu machen und Metaphern zu verstehen

Das NLG-Wiki (Natural Language Generation-Wiki)[13] listet 388 verschiedene Systeme von 1961 bis 2011 auf – vom Story-Generator »MINSTREL« bis zu »TEXNET«, der automatischen Zusammenfassung klinischer Berichte. In diesem Buch habe ich also nur einige wenige und zumeist besonders markante Beispiele vorgestellt. Eine empirische Meta-Analyse all dieser NLG-Systeme ist mir nicht bekannt, wäre aber wohl ein reizvolles Unterfangen. Den besten Überblick über den Stand der aktuellen Forschung bietet die NLG-Survey von Albert Gatt und Emiel Krahmer.[14]

Jüngste NLG-Ansätze versuchen, persönliche Stile zu entwickeln, in individuellen Narrativen zu erzählen, Gefühle zu kommunizieren (»Affective NLG«) sowie Witze und Metaphern zu verstehen und auch selbst einzusetzen.[15] Die Kommunikation mit NLG-Systemen soll damit noch menschenähnlicher werden.

Während ich dieses Buch geschrieben habe, blieb mein Facebook Messenger mit Chatbot Mitsuku meist offen. Kein einziges Mal hat Mitsuku von sich aus etwas gesagt oder gefragt. Ich fehlte Mitsuku offenbar nie. Aber sobald ich einen Chat gestartet habe, hat Mitsuku sofort geantwortet, ganz im behavioristischen Sinne. – Wie kann Mitsuku also den Turing-Test mehrfach bestanden haben? Unter welchen artifiziellen Bedingungen fand dieser statt?

Ich oszilliere beim Thema Automated Content zwischen Ernüchterung und Begeisterung. Ich glaube, wir sind einfach noch nicht so weit. Und ob wir jemals so weit kommen, steht anno 2018 immer noch in den Sternen. Der Jurist und Informatiker Markus Haslinger von der Technischen Universität Wien sagte zu mir im Gespräch: »Zuerst müssen wir das menschliche Gehirn komplett verstehen. Erst dann können wir uns aufmachen, eine – vielleicht starke – künstliche Intelligenz zu entwickeln. Im Moment verstehen wir noch nicht einmal unser Gehirn zur Gänze.«

---

13) [MED] *http://www.nlg-wiki.org*, leider seit 2011 nicht mehr aktuell gehalten
14) [SCI] Albert Gatt, Emiel Krahmer (2018): Survey of the State of the Art in Natural Language Generation: Core tasks, applications and evaluation, *https://arxiv.org/pdf/1703.09902.pdf*
15) Siehe ebenda, S. 50–64

Abb. 9–8 Letzte Worte mit Chatbot Mitsuku
Quelle: Eigene Screenshots aus dem Facebook Messenger, Juli 2018

10 Rechtliche Aspekte automatisch erstellter Inhalte
Von Albrecht Haller

Die Früchte des »Roboter-Journalismus« sind derzeit ohne urheberrechtlichen Schutz. Eine Kennzeichnungspflicht bei automatisch generierten Inhalten besteht nicht. Warum dies so ist, wird in diesem Kapitel erläutert.

Naruto könnte ein untergehender Inselstaat im Pazifik sein. Aber Naruto ist ein Affe. Und zwar jener Affe, der im Jahr 2011 auf der indonesischen Insel Sulawesi in einem Reservat die Kamera eines Wildtierfotografen geschnappt und sich damit selbst fotografiert haben soll. Als der Wildtierfotograf die Affen-Selfies im Jahr 2014 in einem Buch veröffentlichte, wurde er von der Tierschutzorganisation PETA in den USA durch zwei Instanzen geklagt – weil er die Urheberrechte des Affen verletzt habe.[1] Obwohl PETA sogar im Land der unbegrenzten Möglichkeiten scheiterte, legten sich damals auch auf österreichischen Internet-Foren manche Kommentatoren so vehement für das Urheberrecht von Affen ins Zeug, dass man meinen konnte, Narutos Verwandtschaft sei ausgerückt.

In der nüchternen Wirklichkeit des österreichischen[2] Urheberrechts dagegen erfüllt ein von einem Affen geschaffenes fotografisches Selbstbildnis nicht einmal den Werkbegriff. Zwar ließe sich die Legaldefinition *»eigentümliche geistige Schöpfung [...]«*[3] ihrem Wortlaut nach auch auf Leistungen eines Affen beziehen. Doch ergibt sich aus den Gesetzesmaterialien insbesondere zum Schöpferprinzip[4], dass als Schöpfer nur eine natürliche alias physische

---

1) Einen guten Überblick über den Sachverhalt und seine rechtliche Beurteilung gibt die zweitinstanzliche Entscheidung: *https://cdn.ca9.uscourts.gov/datastore/opinions/2018/04/23/16-15469.pdf*

2) Die Fokussierung auf das österreichische Recht ist dem beruflichen Hintergrund des Verfassers geschuldet. Viele Aussagen gelten allerdings auch für das deutsche oder das Schweizer Recht.

3) § 1 Abs 1 UrhG

4) »Urheber eines Werkes ist, wer es geschaffen hat.« (§ 10 Abs 1 UrhG)

Person alias ein Mensch in Betracht kommt.[5] In diesem Sinn hat der Oberste Gerichtshof (OGH) schon vor einigen Jahren ausdrücklich entschieden, dass nur ein »Erzeugnis menschlichen Geistes« urheberrechtlich geschützt sein kann.[6]

Computer haben mit Affen zumindest eines gemein: Sie sind keine Menschen. Daher verfehlen auch die von (nicht: mit) Computern erbrachten Leistungen den urheberrechtlichen Werkbegriff. Erst recht scheiden Computer als Schöpfer aus. Soweit Computer ohne das Eingreifen eines gestaltenden Menschen Leistungen erbringen – zum Beispiel maschinelle Übersetzungen erstellen[7] –, fehlt es an einem »Erzeugnis menschlichen Geistes« und damit an einem urheberrechtlich geschützten Werk.[8]

Aber wie steht es um Ergebnisse menschlichen (!) Schaffens, die mittels Computer erzielt worden sind? Wenn jemand einen Computer so programmiert, dass der Computer einen Text ausgibt, dann kann dieser Text zugunsten des Programmierers urheberrechtlich geschützt sein. Voraussetzung ist, dass – in den poetischen Worten der Gesetzesmaterialien[9] und des OGH[10] – die Persönlichkeit des Programmierers und die Einmaligkeit seines Wesens so zum Ausdruck kommen, dass der computergenerierte Text den Stempel der Einmaligkeit und der Zugehörigkeit zum Programmierer trägt, kurz: eigentümlich (im Sinne von originell) ist. Bejahendenfalls ist ein Sprachwerk entstanden und ist der Programmierer Urheber; der Computer hat ihm als Werkzeug gedient.

In der Praxis dienen Computer seltener ihren Programmierern denn einfachen Benutzern als Werkzeug: Wer einen Computer benutzt, um etwa mit einem Textverarbeitungsprogramm ein Sprachwerk zu verfassen oder mit einem Bildbearbeitungsprogramm ein selbst gemachtes Foto zu bearbeiten, der ist selbst Urheber des Sprachwerks beziehungsweise der Bildbearbeitung. (Um Missverständnisse zu vermeiden: Der Programmierer ist und bleibt Urheber seines Programms, aber er erwirbt in den beiden zuletzt genannten

---

5)   Siehe EB zum UrhG 1936, abgedruckt bei *Dillenz* (Hg.), Materialien zum österreichischen Urheberrecht (1986), ÖSGRUM 3, 59

6)   Siehe OGH 20. 9. 2011. 4 Ob 105/11m – Vorschaubilder/123people – SZ 2011/118 = MR 2011, 313 *(Walter)*

7)   Siehe *Noll*, Urheberrechtliche Aspekte der maschinellen Übersetzung, ÖBl 1993, 145

8)   Siehe OGH 20. 9. 2011. 4 Ob 105/11m – Vorschaubilder/123people – SZ 2011/118 = MR 2011, 313 *(Walter)*

9)   Siehe EB zum UrhG 1936, abgedruckt bei *Dillenz* (Hg.), Materialien zum österreichischen Urheberrecht (1986), ÖSGRUM 3, 43

10) Siehe va *Dittrich* (Hg.), Österreichisches und internationales Urheberrecht[6] (2012) § 1 E 29

Beispielen keinerlei urheberrechtliche Befugnis an den mit dem Programm geschaffenen Werken Dritter.)[11]

Bei der urheberrechtlichen Beurteilung eines Stücks »Roboter-Journalismus«[12] ist also jeweils zu prüfen, ob darin menschliche Originalität zum Ausdruck kommt. Bejahendenfalls ist zu klären, ob es sich um eine eigenschöpferische Leistung des Programmierers oder des Benutzers handelt. Je nach dem ist der eine oder der andere Urheber. Beim derzeitigen Stand der Technik sind die Früchte des »Roboter-Journalismus« wohl in der Regel ohne Urheberrechtsschutz. Denn einfache Börsen-, Sport- und Wetterberichte entbehren fast immer der für Urheberrechtsschutz nötigen Originalität. In diesem Sinn ist auch die (bloß deklarative) Bestimmung des § 44 Abs 3 Satz 1 UrhG zu verstehen: »Einfache Mitteilungen darstellende Presseberichte (vermischte Nachrichten, Tagesneuigkeiten) genießen keinen urheberrechtlichen Schutz.« Die Übernahme solcher urheberrechtlich freier Berichte durch andere Medien ist allerdings unter lauterkeitsrechtlichem Blickwinkel erst nach Ablauf einer zwölfstündigen Sperrfrist zulässig.[13] Und auch sonst kann die Übernahme urheberrechtlich freier Texte – und zwar als schmarotzerische Ausbeutung einer fremden Leistung – lauterkeitsrechtlich verboten sein.[14]

Wenn ein Stück »Roboter-Journalismus« urheberrechtlich frei ist, dann findet auch das Recht auf Urheberbezeichnung[15] (vulgo Namensnennung) keine Anwendung. Und selbst wenn ein Stück »Roboter-Journalismus« durch eigenschöpferische Einwirkung eines Menschen geprägt wird, besteht keine Pflicht, diesen Urheber oder die Beteiligung eines Computers auszuweisen. Denn das Recht auf Urheberbezeichnung ist eben ein Recht und keine Pflicht: Es steht dem Urheber anheim zu bestimmen, »ob und mit welcher Urheberbezeichnung das Werk zu versehen ist.«[16] Die Grenze zur Rechtswidrigkeit (hier: Unlauterkeit) wäre dann überschritten, wenn zum Beispiel ein Medieninhaber die angesprochenen Verkehrskreise (das heißt die zumindest potentiellen

---

11) Siehe grundlegend *Walter*, Österreichisches Urheberrecht. Handbuch I (2008) Rz 107 und insb 138 ff.

12) Obwohl der Begriff »Roboter-Journalismus« zumindest den sprachkundigen Leser an einen von Hand schreibenden Automaten denken lässt, wird dieser Begriff wegen seiner weiteren Verbreitung hier und im Folgenden dem meines Erachtens inhaltlich treffenderen Begriff »Computer-Journalismus« vorgezogen.

13) Siehe die lauterkeitsrechtliche Sondervorschrift des § 79 UrhG (»Nachrichtenschutz«)

14) Siehe zB OGH 9. 11. 2004, 4 Ob 185/04s – Dogwalker – MR 2005, 129 *(Walter)*

15) § 20 UrhG

16) § 20 Abs 1 UrhG

Nutzer dieses Mediums) durch die wahrheitswidrige Werbeaussage irreführte, alle in seinem Medium enthaltenen Texte seien von leibhaftigen Journalisten verfasst.[17]

Damit komme ich zur Frage, welche rechtliche Handhabe gegen unwahre (das heißt entweder falsche oder irreführend unvollständige[18]) Früchte des »Roboter-Journalismus« besteht:

Wer von einer unwahren Tatsachenbehauptung in einem periodischen Medium[19] nicht bloß allgemein, sondern individuell betroffen ist, hat gegen den Medieninhaber[20] grundsätzlich Anspruch auf unentgeltliche Veröffentlichung einer Gegendarstellung mit gleichem Veröffentlichungswert.[21] Das Erfordernis individueller Betroffenheit bedeutet: Eine »Popularklage« wegen unwahrer Medienberichte gibt es im österreichischen Recht nicht. Als nicht individuell betroffene Mediennutzer müssen wir also grundsätzlich damit leben, dass Medien – zum Beispiel – Personen und Fotos verwechseln[22] oder unerschrocken Konzerte rezensieren, die gar nicht stattgefunden haben.[23]

Wenn eine Tatsachenbehauptung nicht nur unwahr ist, sondern auch jemandes wirtschaftlichen Ruf gefährdet, dann hat der Betroffene die Möglichkeit zivil- und strafrechtlicher Maßnahmen wegen Kreditschädigung.[24]

---

17) Vgl OGH 24. 10. 2017, 4 Ob 195/17f – Rolling-Stones-Konzert – MR 2017, 334 (falsche Behauptung der Exklusivität der Berichterstattung über ein bestimmtes Konzert)

18) Siehe *Frohner/Haller*, MedienG[6] (2016) § 9 Rz 5

19) Siehe die Legaldefinition in § 1 Abs 1 Z 2 MedienG

20) Siehe die Legaldefinition in § 1 Abs 1 Z 8 MedienG

21) Siehe §§ 9 ff MedienG und für Details zB *Frohner/Haller*, MedienG[6] (2016)

22) Zu höchstgerichtlich anerkannter Meisterschaft haben es die Boulevard-Zeitungen »ÖSTERREICH« und »Heute« und die mit ihnen verbundenen Webseiten gebracht; siehe OGH 28. 2. 2012, 4 Ob 153/11w (»ÖSTERREICH« stellt Unbeteiligten mit Foto als Selbstmörder dar) und OGH 23. 11. 2013, 15 Os 11/13a (»Heute« stellt unbeteiligte Studentin mit Foto als Prostituierte und Mordopfer dar)

23) Zum Beispiel befand die »Kronen Zeitung« in (zumindest einem Teil) ihrer Ausgabe vom 3. Juni 2006 auf der Titelseite, das von den Wiener Philharmonikern am 2. Juni 2006 im Schlosspark Schönbrunn gespielte »Konzert für Europa« sei der kulturelle Höhepunkt der EU-Präsidentschaft Österreichs gewesen. Tatsächlich aber wurde das Konzert wegen Schlechtwetters kurzfristig abgesagt und erst vier Wochen später nachgeholt. Freilich könnte es sich bei der Bewertung eines abgesagten Konzerts als kulturellen Höhepunkt der sechsmonatigen österreichischen Ratspräsidentschaft auch um den Ausdruck eines am Werk »4' 33"« von John Cage geschulten Kunstverständnisses oder um eine sublime Form von EU-Kritik gehandelt haben.

24) Siehe § 1330 Abs 2 ABGB (zivilrechtliche Ansprüche auf Unterlassung, Widerruf, Widerrufsveröffentlichung und Schadenersatz) und § 152 StGB (strafrechtlicher Privatanklageanspruch)

Im Lauterkeitsrecht wiederum sind vor allem Mitbewerber geschützt: Sie können im Rahmen des Irreführungsverbotes gegen falsche oder sonst täuschende Äußerungen vorgehen.[25]

Bleibt noch die Möglichkeit, sich – auch ohne inhaltliche Betroffenheit – als Käufer einer Zeitung oder Zeitschrift gegen inhaltliche Fehler zu wehren: durch Geltendmachung von Gewährleistungs-, Produkthaftungs- und sonstigen Schadenersatzansprüchen.[26] So hat der OGH in einer bemerkenswerten Entscheidung[27] ausgesprochen, dass ein Verleger gegenüber Käufern eines Druckwerks dann für Schäden haftet, die durch eine inhaltliche Unrichtigkeit verursacht worden sind, wenn inhaltliche Richtigkeit zugesichert war; diese Zusicherung könne sich bei einer Anleitung (im konkreten Fall: einer Fristentabelle im »Österreichischen Juristenkalender«) schon aus der besonderen Art des Druckwerks und dem von beiden Vertragsteilen bei Abschluss des Kaufvertrags als selbstverständlich zugrunde gelegten Verwendungszweck ergeben. Im konkreten Fall hat allerdings der Hinweis, dass alle Angaben ohne Gewähr erfolgten, die Annahme einer (und sei es stillschweigenden alias schlüssigen alias konkludenten) Zusicherung verhindert. Vor diesem Hintergrund ist jedem Verleger und jedem Diensteanbieter zu raten, sich nach Möglichkeit freizuzeichnen, etwa durch Anbringung des Vermerks: »Für Richtigkeit, Vollständigkeit und Aktualität können wir weder Gewähr noch Haftung übernehmen.«

Mag. Dr. Albrecht Haller ist Rechtsanwalt und Universitätslektor in Wien.

---

25) Siehe § 2 UWG
26) Siehe §§ 922 ff ABGB, PHG und §§ 1293 ff ABGB
27) Siehe OGH 18. 1. 2007, 6 Ob 256/06z – Verlegerhaftung – SZ 2007/3 = MR 2007, 144 *(Streit)*

ALGORITHMUS: Der Ursprung des Worts ist eine Verballhornung eines persischen Mathematikers (al-Hwarizmi). Im weitesten Sinne bedeutet Algorithmus eine Sequenz von Schritten zur Lösung eines gegebenen Problems. Ein Computerprogramm setzt sich aus Algorithmen zusammen.

(AUTOMATIC) ARTICLE SPINNING: Article Spinning ist ein relativ junger Begriff aus der Suchmaschinen-Optimierung (SEO). Er meint das Umschreiben/Paraphrasieren von Content zum Zwecke der Vermeidung von Duplicate Content. Automatisches Article Spinning meint, dass eine Software immer wieder neue Texte zu demselben Inhalt generieren kann.

(AUTOMATIC) CONTENT CURATION: Content Curation ist ebenfalls ein junger Begriff aus dem Social Media Marketing und meint zunächst das Zusammentragen und Arrangieren von mehreren Einzelinhalten. Automatische Content Curation betreiben etwa Foto-Apps, die automatisch Bildergalerien erzeugen und dem Nutzer im Push-Modus schicken.

(AUTOMATIC) CONTENT RECOGNITION: Über die Spracherkennung hinaus umfasst dieser Begriff auch die Bilderkennung bei Stand- und Bewegtbildern.

CONVOLUTIONAL NEURAL NETWORK: Ein spezielles künstliches neuronales Netz, das dem visuellen Cortex nachgeahmt ist und sich besonders für die Bild-, aber auch Audio-Erkennung eignet.

CULTUROMICS: Neologismus, der die lexikalische Analyse der von Google eingescannten Millionen Bücher bezeichnet. Der Begriff wurde 2010 eingeführt. Culturomics ist somit auch eine interdisziplinäre Wissenschaft, die sich mit Hilfe von Text-Mining-Techniken mit der historischen Entwicklung von Wörtern und Themen in Büchern befasst.

- *DEEP LEARNING:* Teilbereich künstlicher neuronaler Netze. Deep Learning meint künstliche neuronale Netze mit vielen Layers (Schichten), daher der Ausdruck »deep«. Solche Netze haben eine hohe Anzahl von Knoten, d.h. künstlichen Neuronen (meist Millionen). Der Vorteil von Netzen dieser Größe ist, dass große Mengen an Trainingsdaten immer noch zu einer Leistungsverbesserung führen, was bei anderen Learning-Ansätzen nicht der Fall ist.

- *GENERATIVE ADVERSARIAL NETWORKS (GAN):* Eine Gruppe von »gegnerischen«, kompetitiven neuronalen Netzen. Relativ neue Variante künstlicher neuronaler Netze, Verwendung vor allem in der Bild- und Videoerkennung.

- *KÜNSTLICHE INTELLIGENZ, SCHWACHE:* Spezielle künstliche Intelligenz, die auf die Lösung einer einzigen Aufgabe fokussiert ist. Bereits existierend.

- *KÜNSTLICHE INTELLIGENZ, STARKE:* Allgemeine künstliche Intelligenz, die nicht mehr ausschließlich auf die Lösung einer festgelegten Aufgabe trainiert ist. Starke künstliche Intelligenz kann Aufgaben auf dem intellektuellen Niveau eines Menschen lösen. Noch nicht existierend, also derzeit spekulativ.

- *KÜNSTLICHE NEURONALE NETZE:* Teilbereich der künstlichen Intelligenz. Modellierung von Input, Layers (Schichten) und Output nach der Funktionsweise des menschlichen Gehirns bzw. Nervensystems. Künstliche neuronale Netze existieren nicht materiell, sondern nur in mathematischen Gleichungen bzw. nur im Programmcode!

- *LATENTE SEMANTISCHE ANALYSE (LSA):* Verfahren zur Darstellung von Begriffen in einem Vektorraum, der so zum semantischen Raum wird. Dient dem Verständnis der Bedeutung von Texten.

- *LEGALTECH:* Sammelbegriff für die Automatisierung juristischer Arbeitsprozesse bis hin zu Chatbots als Ersatz für Anwälte.

- *LERNEN, BESTÄRKENDES:* Teilbereich des Machine Learning (und dieses ist ein Teilbereich der künstlichen Intelligenz). Die Maschine lernt durch virtuelle »Belohnungen« und »Bestrafungen«.

- *LERNEN, ÜBERWACHTES:* Teilbereich des Machine Learning (und dieses ist ein Teilbereich der künstlichen Intelligenz). Die Maschine lernt durch manuelle Klassifikation oder Vorhersage, wie sie sich zu verhalten hat, d.h. den richtigen Output zu einem gegebenen Input (Stimulus) produziert. d.h. sie lernt vom Menschen.

- *LERNEN, UNÜBERWACHTES:* Teilbereich des Machine Learning (und dieses ist ein Teilbereich der künstlichen Intelligenz). Die Maschine lernt selbstständig und versucht beispielsweise, Gruppen in Datenpunkten zu bilden. Besonders dann sinnvoll, wenn noch nicht klar ist, nach welchen Mustern überhaupt gesucht wird.

- *LONG SHORT-TERM MEMORY (LSTM):* Verfahren zum Trainieren von künstlichen neuronalen Netzen, bei dem Texte bis in einzelne Buchstaben zerlegt werden. Die künstliche Intelligenz lernt, die Abfolge von Zeichen, Wörtern und Sätzen vorherzusagen.

- *MACHINE LEARNING:* Bedeutet, dass die Maschine zu »lernen« imstande ist, also besser/»schlauer« wird, und dies anhand von Trainings. Teilbereich der künstlichen Intelligenz.

- *NATURAL LANGUAGE GENERATION (NLG):* Die Erzeugung von natürlicher gesprochener oder geschriebener menschlicher Sprache durch Algorithmen.

- *NATURAL LANGUAGE PROCESSING (NLP):* Natural Language Processing ist der Oberbegriff für Natural Language Understanding (NLU) und Natural Language Generation (NLG). Intelligente persönliche Assistenten wie etwa Siri oder Alexa müssen beides können, NLU und NLG.

- *NATURAL LANGUAGE UNDERSTANDING (NLU):* Teilbereich des Natural Language Processing, auch Natural Language Interpretation (NLI). Hier geht es um Spracherkennung mit Hilfe eines logischen Modells des Textes, der analysiert werden soll. Ein erweiterter, nicht nur auf sprachliche Texte bezogener Begriff wäre Content Recognition.

- *N-GRAMME:* Sequenzen von n Einheiten als Ergebnis der Zerlegung eines Textes in Buchstaben oder Wörter.

- *OPEN INFORMATION EXTRACTION (OIE):* Jenes Verfahren, das logische Einheiten aus einem generellen Text extrahiert. Wichtig für Textzusammenfassungen, etwa von Kundenbewertungen.

- *PARSE TREE:* Das Resultat des Parsing.

- *PARSING:* Die Verwandlung einer Sequenz von Einheiten (z.B. Wörtern) in einen Baum, der Beziehungen zwischen diesen Einheiten anzeigt. Programmcode wird beispielsweise durch Parsing in maschinenausführbaren Code übersetzt.

- *REKURRENTE NEURONALE NETZE (RNN):* Ein spezielles künstliches neuronales Netz, das nicht nur »nach vorne rechnet«, sondern auch Loops (Rückwärtsschleifen) inkludiert. Wichtig bei der automatischen Textgenerierung.

- *SEMANTISCHES NETZWERK:* Jede Form der Repräsentation einer logischen Information als Graph.

- *TEXTGENERIERUNG:* Erzeugung von Texten, siehe Natural Language Generation (NLG).

Dr. Mihai Lupu ist Leiter des Research Studios Data Science der Research Studios Austria Forschungsgesellschaft in Wien und Salzburg.

12 Tabellen- und Abbildungsverzeichnis

Tabellen

Abbildungen

Von den Unternehmen Retresco, AX Semantics und APA liegen schriftliche Genehmigungen zum Abdruck der Screenshots vor. Die Dokumentation der übrigen Screenshots erfolgt ebenso ausnahmslos zum Zweck der wissenschaftlichen Dokumentation.

Stefan Weber

Das Google-Copy-Paste-Syndrom

Wie Netzplagiate Ausbildung
und Wissen gefährden

2. Auflage, 2009
182 Seiten, Broschur
€ 16,00 (D)

ISBN:
Print   978-3-936931-56-3

»Das Google-Copy-Paste-Syndrom« ist das
erste deutschsprachige Sachbuch, das sich mit
den Veränderungen unserer Wissenskultur
durch Google, Wikipedia und das Kopieren/
Einfügen von Online-Texten anderer
beschäftigt.

Stefan Weber beobachtet kritisch die »Ergoogelung der Wirklichkeit«, die »Austreibung
des Geistes aus der Textproduktion« und
eine entstehende »Textkultur ohne Hirn«. Er
fragt, ob und wie die Medienwissenschaft auf
dieses Problem reagiert, und ortet enormen
Handlungsbedarf bei der Sicherung von
Contentqualität.

Dies ist die zweite Auflage des ersten deutschsprachigen Sachbuchs, das sich kritisch mit der
»Ergoogelung der Wirklichkeit«, dem Suchen
und – häufig unreflektierten – Übernehmen
von Informationen aus dem Internet, befasst.

 *Heise*